営業バイブル
ゼロから始める最強営業術

佐藤 洋輔

CONTENTS

第4章　鋼のメンタル！逆境に負けない心の鍛え方 ― 125

CONTENTS

はじめに：なぜ、私はこの本を書いたのか？ ―過去の自分と未来のあなたへ―

皆さん、こんにちは。カーディーラーセールスの佐藤洋輔です。普段は愛知県名古屋市にあるカーディーラーで、お客様にぴったりの一台を見つけるお手伝いをしています。

実は、もう一つの顔として、全国各地で講演活動やセミナー講師を行っています。「営業スキルをアップさせたい！」「一流の営業パーソンになりたい！」そんな熱い思いを持った営業パーソンに向けて、18年間の営業人生で培ってきたノウハウやスキルを伝授しています。

講演活動では、様々な業種の方々と出会います。大手携帯キャリア、各種メーカー企業、保険会社、金融機関…など、多岐にわたる業界の方々から依頼をいただいております。

そして、受講生と交流する中で、ある共通点に気づきました。

それは、「**営業の仕事で悩んでいる人が多い**」ということです。

「なかなか成果が出ない…」

「お客様に怒られた…」

「モチベーションが上がらない…」

「営業の仕事に向いていないのかも…」

そんな悩みを抱えている営業パーソンは、驚くほど多いのです。

私自身も、18年間の営業人生の中で、数え切れないほどの失敗や挫折を経験してきました。入社1年目の頃は、右も左も分からず、お客様に相手にされず、契約が全く取れない時期もありました。先輩や上司から叱責され、悔しくて眠れない夜も数え切れません。

しかし、そんな私でも、諦めずに努力を続けることで、トップセールスになることができました。入社してから16年半、営業パーソンとして走り続けてきました。そして、後半の10年間は、トップセールス賞を9年連続、計10度受賞するという栄誉をいただくことができたのです。

これは、私が特別な才能を持っていたからではありません。

それは、私が「**正しい考え方**」と「**正しいやり方**」を身につけることができたからです。そして、この「正しい考え方」と「正しいやり方」こそが、私がこの本で皆さんにお伝えしたいことなのです。

この本に込めた私の思い

この本を書こうと思ったきっかけは、ある若手営業パーソンとの出会いでした。

彼は、入社3年目になるにもかかわらず、営業成績が全く上がらず、悩んでいました。

「自分には営業のセンスがないのかも…」

「もう辞めてしまおうか…」

彼は、すっかり自信を失い、ネガティブな思考に陥っていました。

私は、そんな彼に、自分の経験談を話しました。

「私も、最初は全く売れませんでした。しかし、諦めずに努力を続けることで、トップセールスになることができました。**あなたにも必ずできます！**」

私の話を聞いた彼は、目に涙を浮かべながら、「ありがとうございます！私も諦めずに頑張ります！」と言ってくれました。

そして、それから数ヶ月後、彼は見違えるほど成長し、営業成績もトップクラスになりました。

私は、この経験を通して、「自分の経験や知識が、他の営業パーソンの役に立つかもしれない」と考えるようになりました。そして、より多くの営業パーソンに、私の営業ノウハウを伝えたい、彼らを成功に導きたい、そんな思いから、この本を執筆することを決意したのです。

この本であなたが得られるもの

この本では、私が18年間の営業人生で培ってきた「営業の秘訣」を、惜しみなく公開しています。

- お客様に好印象を与える方法
- お客様の心を掴む話し方
- 時間管理術
- 鋼のメンタルの作り方

●トップセールスの思考と行為

など、営業活動で成果を上げるために必要なノウハウやスキルを、余すことなくお伝えしています。

この本を読むことで、あなたは、

●営業成績を劇的にアップさせることができる

●お客様から信頼され、選ばれる営業パーソンになれる

●仕事が楽しくなり、モチベーションを高く維持できる

●プライベートも充実させることができる

など、様々なメリットを享受することができるはずです。

私の自己紹介

改めて、自己紹介をさせていただきます。

私は、佐藤洋輔、44歳です。愛知県名古屋市に在住しています。

大学時代は、居酒屋でアルバイトをしていました。そこで、**お客様と接することの楽しさ、お客様に喜んでいただくこと**のやりがいを知り、接客業に就きたいと考えるようになりました。

もともと車が好きだったこともあり、「接客」と「車」を組み合わせた仕事、すなわち「カーディーラー営業」という職業を志すようになりました。そして、就職活動はカーディーラー一本に絞り、様々な企業

の説明会に足を運びました。

私は、学生時代は野球部に所属していました。もともと負けず嫌いな性格で、先輩だからといって偉そうに振る舞う先輩に反発心を抱き、実力でレギュラーの座を勝ち取ろうと人一倍練習に励みました。その経験から、年齢や社歴に関係なく、実力主義で評価される会社で働きたいと考え、今の会社に魅力を感じ、入社を決意したのです。

入社してから16年半、営業パーソンとして走り続けてきました。そして、先ほども述べたように、後半の10年間は、トップセールス賞を9年連続、計10度受賞するという栄誉をいただくことができたのです。

営業という仕事の素晴らしさ

営業という仕事は、本当に素晴らしい仕事です。

お客様の課題を解決し、お客様に喜んでいただくことで、自分自身の成長にも繋がります。そして、**お客様から「ありがとう」と言っていただける瞬間は、何にも代えがたい喜びです。**

営業は、まさしくスポーツです。

お客様という名の「ゴール」を目指して、様々な困難を乗り越え、努力を続けることで、ゴールに辿り着き、勝利の喜びを味わうことができるのです。

そして、**営業は、チームスポーツ**でもあります。上司、先輩、同僚、そしてお客様…

周りの人たちと協力し合い、支え合うことで、より大きな成果を上げることができるのです。

営業という仕事は、一人では成し遂げることができない、大きな目標に挑戦できる、やりがいのある仕事です。

この本の構成

この本は、全5章で構成されています。

- 第1章では、営業活動の基本について解説します。
- 第2章では、お客様の心を掴む話し方について解説します。
- 第3章では、時間管理術について解説します。
- 第4章では、最強メンタルの作り方について解説します。
- 第5章では、一流の営業パーソンの思考と行為について解説します。

この本が、営業の仕事で悩んでいるあなたの「羅針盤」となり、「心の支え」となることを願っています。

そして、この本をきっかけに、あなたが営業の仕事で成功を掴み、お客様から信頼され、選ばれる営業パーソンになることを、心から応援しています。

第1章

売上UPに繋がる営業活動の基本

営業とは単に商品を「売る」ことではなく、お客様の課題を「解決する」プロセスです。この章では、営業活動の基本的なステップを通じて、売れる営業パーソンになるための第一歩を解説します。準備の重要性から、信頼関係の構築、ニーズの把握、効果的な提案方法、クロージングの極意に至るまで、営業成功の鍵となる要素を網羅しました。また、営業現場で陥りがちな失敗例とその改善策も取り上げ、具体的なアクションプランを提示します。これらの基本を習得することで、単なる商品販売者ではなく、**信頼される営業パーソン**へと成長するための道筋がかならず見えてきます。営業の基礎を理解し、明日から実践できるスキルをこの章で身につけてください。

1-1

営業の定義 ―「売る」ではなく「解決する」―

皆さんは「営業」と聞くと、どんなイメージを思い浮かべますか?

もしかしたら、「商品を売りつける」「押し売りをする」「口達者でなければならない」といったネガティブなイメージを持っている人もいるかもしれません。

しかし、私が考える営業の定義は、それとは全く違います。

私は、営業とは「**お客様の課題を解決すること**」だと考えています。

お客様は、商品が欲しいのではありません。お客様は、自分の悩みを解決したい、より良い未来を実現したいと思っています。そして、営業パーソンの役割は、お客様の悩みを解決し、お客様の理想の未来を実現するための「お手伝い」をすることなのです。

まさに、困っている人を助けるヒーローのように、営業パーソンは、お客様の悩みを解決し、お客様を幸せにすることができる、素晴らしい仕事なのです。

営業活動は問題解決のプロセス

営業活動は、お客様の課題を解決するためのプロセスです。そして、そのプロセスは、大きく分けて以下の4つのステップで構成されます。

1. **ヒアリング**：お客様のニーズや課題を丁寧にヒアリングします。例えば車を売るのであれば、「なぜこの車が欲しいのか？」「サイズ感が良いからか？使い勝手が良さそうだからか？誰が乗るのか？予算は？」といった質問を投げかけることで、**お客様が本当に求めているもの、困っていることを深く理解する**ことができます。

2. **提案**：お客様のニーズや課題を解決するための最適な商品やサービスを提案します。この際、お客様が「なぜこの商品やサービスが必要なのか？」「この商品やサービスを使うことで、どのようなメリットがあるのか？」を理解できるように、具体的に説明することが重要です。それは医者が患者に対して、病状や治療方針を丁寧に説明するように、営業パーソンも、お客様に対して、**商品のメリットやデメリットを丁寧に説明する**必要があるのです。

3. **クロージング：**お客様に納得して購入を決断してもらいます。お客様の不安や疑問を解消し、購入の後押しをすることが重要です。

4. **アフターフォロー：**商品やサービスを販売した後も、お客様との関係性を継続し、お客様の成功をサポートします。お客様が商品やサービスを最大限に活用できるように、アドバイスをしたり、サポートを提供したりすることで、**お客様の満足度を高めることができます。お客様が満足してくれれば、リピーターになってくれたり、新しいお客様を紹介してくれたりする可能性が高まる**のです。

「売る」から「解決する」へ

多くの営業パーソンは、「売ること」にフォーカスしがちです。しかし、本当に成果を上げるためには、「売ること」ではなく、「解決すること」にフォーカスする必要があります。

お客様は、「商品」が欲しいのではありません。**お客様は、「解決策」が欲しい**のです。

お客様の悩みを解決することにフォーカスすることで、

- お客様との信頼関係を築くことができる
- お客様に「あなたから買いたい」と思ってもらえる

●成約率を高めることができる
●リピーターを増やすことができる
●新規顧客を開拓することができる
など、様々なメリットがあります。

「売る」営業パーソンと「解決する」営業パーソンの違い

「売る」営業パーソンは、自分の商品やサービスを売ることしか考えていません。誤解を恐れずに言えば、獲物を狙うハンターのように、お客様を「カモ」としか見ていないのです。

一方、「解決する」営業パーソンは、お客様の成功を心から願っています。お客様の専属コンサルタントのように、お客様のビジネスを成功させるために、全力を尽くすのです。

どちらの営業パーソンから商品を買いたいですか?

もちろん、「解決する」営業パーソンですよね。

お客様は、「商品」ではなく、「人」から商品を買います。そして、お客様は、「自分のことを考えてくれる人」「自分の成功を心から願ってくれる人」から商品を買いたいと思っているのです。

「解決する」営業パーソンになるために

「解決する」営業パーソンになるためには、以下の3つのポイントを意識しましょう。

1. お客様の立場に立って考える
2. お客様のニーズを的確に捉える
3. お客様にとって最適な提案をする

お客様の立場に立って考える

お客様の立場に立って考えるとは、「もし自分がお客様だったら、どんな商品やサービスを求めるだろうか?」「もし自分がお客様だったら、どんな提案をされたら嬉しいだろうか?」と考えることです。

お客様の立場に立って考えることで、**お客様のニーズや課題をより深く理解する**ことができます。

お客様のニーズを的確に捉える

お客様のニーズを的確に捉えるためには、お客様の話をじっくりと聞き、**お客様の言葉の奥にある真意を汲み取る必要があります**。質問を通じてお客様のニーズを深掘りしていくことが重要です。

お客様にとって最適な提案をする

お客様のニーズを的確に捉えたら、お客様にとって最適な提案をしましょう。

お客様にとって最適な提案とは、必ずしも高価な商品やサービスを提案することではありません。

お客様の予算や状況に合わせて、最適な商品やサービスを提案することが重要です。

1-2

なぜ営業は必要なのか？ ―社会を支える重要な役割―

「営業」と聞くと、どんなイメージを持つでしょうか？もしかしたら、一部の人にとっては、あまり良いイメージではないかもしれません。「押し売り」「しつこい」「うさんくさい」…そんな言葉が頭に浮かぶ人もいるでしょう。

しかし、営業という仕事は、私たちの社会を支える上で、なくてはならない重要な役割を担っています。

自動車、家電製品、食品、日用品、保険、金融商品…

私たちの生活は、様々な商品やサービスによって支えられています。そして、これらの商品やサービスを、私たちに届けてくれるのが「営業」という仕事です。

営業パーソンは、メーカーと消費者の架け橋となる存在です。メーカーが開発した素晴らしい商品を、消費者に紹介し、販売することで、消費者の生活を豊かにし、社会の発展に貢献しているのです。

例えば、最新の医療機器を病院に営業することで、より多くの患者さんの命を救うことができます。あるいは、環境に優しい製品を企業に営業することで、地球環境を守ることに貢献することができるのです。

営業という仕事は、人々の生活を豊かにし、社会をより良くするための、なくてはならない仕事なのです。

営業は経済を回すエンジン

経済活動は、「生産」「流通」「消費」という3つの段階で成り立っています。

そして、**営業は、「流通」の段階を担う重要な役割**を担っています。

メーカーが生産した商品を、消費者に届けるためには、営業パーソンが必要です。

営業パーソンが商品を販売することで、メーカーは利益を得ることができ、その利益を元に、新たな商品開発や雇用創出を行うことができます。

さらに、消費者は商品を購入することで、自分のニーズを満たすことができます。

このように、営業は、経済活動を活性化させ、経済発展に貢献しているのです。

営業は人と人をつなぐ仕事

営業は、商品やサービスを販売するだけでなく、人と人をつなぐ仕事でもあります。

営業パーソンは、お客様と会話をし、お客様のニーズや課題をヒアリングし、お客様に最適な提案をすることで、お客様との信頼関係を築いていきます。

そして、**お客様との信頼関係が深まれば**、お客様はあなたを「ただの営業担当」ではなく、「**ビジネスパートナー**」として見てくれるようになるはずです。

お客様との信頼関係は、長期的なビジネスに繋がります。

お客様は、あなたを信頼し、あなたから商品やサービスを購入してくれるだけでなく、新しいお客様を紹介してくれたり、あなたのビジネスを応援してくれたりするようになるかもしれません。

営業は無限の可能性を秘めた仕事

営業は、年齢、性別、学歴、経験に関係なく、誰でも挑戦できる仕事です。

そして、営業は、努力次第で、大きな成果を上げることができる仕事でもあります。

トップセールスパーソンになれば、高収入を得ることもできますし、独立して起業することもできます。

営業という仕事は、無限の可能性を秘めた仕事です。

「営業はつまらない」「営業はきつい」

そう思っている人もいるかもしれません。

しかし、営業は、人々の生活を豊かにし、社会をより良くするための、なくてはならない仕事であり、無限の可能性を秘めた仕事です。

ぜひ、あなたも営業という仕事に挑戦し、その可能性を最大限に広げてみてください。

1-3 営業活動の基本ステップ ―準備からクロージングまで―

営業活動とは、お客様の課題を解決し、より良い未来を創造するためにあると考えています。そして、営業活動を成功させるためには、しっかりとした準備、的確なヒアリング、そしてお客様の気持ちを惹きつける提案、最後に確実なクロージングという、4つのステップを踏む必要があります。F1レーサーがレースで勝利を掴むために、マシンの整備、コースの分析、最適な戦略の立案、そして最後に完璧なドライビングテクニックを駆使するように、営業パーソンも、お客様を成功へと導くために、これらのステップを一つひとつ丁寧にこなしていく必要があるのです。

1．準備：情報こそ最強の武器

「孫子の兵法」にも、「彼を知り己を知れば百戦殆うからず」という言葉があります。お客様のニーズや課題、競合他社の情報、市場のトレンドなど、あらゆる情報を事前に徹底的に調べておくことで、お客様に最適な提案をすることができます。

準備を怠ると、的外れな提案をしてしまったり、お客様の質問に答えられなかったりする可能性があります。それは、地図もコンパスも持たずに、見知らぬジャングルに足を踏み入れるようなものです。道に迷い、危険な目に遭ってしまうかもしれません。

準備万端で商談に臨むことで、お客様に「この人は信頼できる」「この人は頼りになる」という安心感を与えることができます。それは、**お客様にとって頼れるガイドのように、安心して旅を続けることができるのです**。

私が新人の頃、先輩からよく言われた言葉があります。「準備に勝る決断なし」。最初は意味がよくわかりませんでしたが、営業の仕事を続けるうちに、この言葉の重みを理解するようになりました。徹底的な準備をすることで、お客様に自信を持って提案することができ、お客様からの信頼を得ることができる。そして、その**信頼が、契約へと繋がる**のです。

2．ヒアリング：お客様の心を掴む鍵

お客様と会ったら、まずはお客様のニーズや課題を丁寧にヒアリングしましょう。お客様の話をじっくりと聞き、お客様の言葉に耳を傾け、お客様の表情や態度を観察することで、お客様の真意を汲み取ることができます。

ヒアリングは、お客様の心を開き、信頼関係を築くための重要なステップです。カウンセラーのように、

お客様の心に寄り添い、お客様の悩みや不安に共感することで、お客様はあなたに心を開き、本音を話してくれるようになるでしょう。

効果的なヒアリングを行うためには、状況質問、問題質問、視差質問といった3種類の質問を使い分けることが重要です。**状況質問で現状を把握し、問題質問で課題を明確にし、視差質問で理想と現実のギャップを埋める**ことで、お客様の隠れたニーズを引き出すことができます。

例えば、お客様が「新しいシステムを導入したい」と言ったとします。

この時、「なぜ新しいシステムを導入したいのですか？」と質問するだけでなく、

- 「現在、どのようなシステムをお使いですか？」（状況質問）
- 「現在のシステムで何かお困りごとはありますか？」（問題質問）
- 「もし、理想のシステムを導入できたら、どのような未来が実現しますか？」（視差質問）

といったように、3種類の質問を組み合わせることで、お客様のニーズをより深く掘り下げることができます。

3. 提案：お客様の未来を創造する

お客様のニーズや課題を丁寧にヒアリングできたら、いよいよ提案です。お客様のニーズや課題を解決するための最適な商品やサービスを提案しましょう。

提案する際には、お客様が「なぜこの商品やサービスが必要なのか?」「この商品やサービスを使うことで、どのようなメリットが得られるのか?」を理解できるように、論理的に、そして具体的に説明することが重要です。医者が患者に、病状や治療方針を丁寧に説明するように、営業パーソンも、お客様に商品の価値やメリットを丁寧に説明し、お客様に納得してもらう必要があるのです。

提案は、一方的なプレゼンテーションではありません。お客様との対話を通して、お客様の疑問や不安を解消し、お客様に納得してもらうことが重要です。そして、**お客様が納得してくれれば、自然と契約へと繋がるはずです。**

お客様にとって最適な提案をするためには、

- 商品知識を深める
- お客様のニーズを的確に捉える
- 競合他社の情報を知る
- 論理的思考力
- プレゼンテーション能力

など、様々なスキルが必要になります。

これらのスキルは、一朝一夕で身につくものではありません。日々の努力と研鑽を通して、着実にスキルアップしていくことが大切です。

1-4

顧客との信頼関係の構築 ―長期的な関係性を築くために―

ビジネスの世界では、「お客様は神様」という言葉がよく使われます。しかし、私はこの言葉には反対です。なぜなら、**お客様は神様ではなく、パートナー**だからです。

お客様と営業パーソンは、Ｗｉｎ－Ｗｉｎの関係であるべきです。お客様が商品やサービスを購入することで、私たちは利益を得ることができます。そして、お客様は商品やサービスを利用することで、抱えている問題を解決したり、より良い未来を実現したりすることができます。それには、両者がそれぞれの目標達成に向けて、共に協力する姿勢が必要なのです。

お客様と営業パーソンは、お互いにとってメリットのある、**対等なパートナーシップを築くべき**です。片方が一方的に利益を得る関係性ではなく、お互いが成長し、成功するための協力関係を築くことが重要です。

私が大切にしている言葉があります。「**お客様は、私にとってのパワーパートナーです**」。パワーパートナーとは、「あなたが成功させたい人で、その人の成功や幸せが、私の成功や幸せとなる人」のことです。お客様の成功を心から願い、お客様をサポートすることで、お客様はあなたを信頼し、あなたから商品やサービスを購入してくれるようになるはずです。そして、お客様の成功は、あなた自身の成功にも繋がるのです。

長期的な関係性を築くためには、お客様に「あなたから買いたい」「あなたに相談したい」と思ってもらう必要があります。そのためには、商品やサービスの品質はもちろんのこと、お客様との「信頼関係」を築くことが不可欠です。信頼関係とは、お互いを尊重し合い、信頼し合う関係のことです。信頼関係が構築できれば、お客様はあなたに心を開き、悩みや不安、そして本音を話してくれるようになります。固く閉ざされていた扉が、ゆっくりと開き、光が差し込むように、お客様の心を開かせることができれば、お客様のニーズを的確に捉え、お客様にとって本当に必要な提案をすることができるようになるのです。

信頼関係を築くための7つの秘訣

信頼関係を築くためには、以下の7つの秘訣を意識してみましょう。これらの秘訣は、私が18年間の営業人生で培ってきた、お客様との信頼関係を築くための「**勝利の方程式**」です。

1. 誠実な対応を心がける
2. 約束を守る
3. お客様の立場に立って考える
4. お客様に寄り添う
5. プラスアルファの価値を提供する
6. 感謝の気持ちを伝える

7．継続的な関係性を築く

1．誠実な対応を心がける

嘘や偽りなく、誠実な対応を心がけることで、お客様はあなたを信頼してくれるようになります。お客様は、**あなたの言葉や行動から、あなたの本心を見抜こうとしています**。もし、あなたが少しでも嘘をついていたり、ごまかそうとしたりすれば、お客様はすぐに気づき、あなたへの信頼を失ってしまいます。それはガラスのように、一度ヒビが入ってしまうと、修復することは難しいのです。

2．約束を守る

約束を守れない営業パーソンは、お客様から信頼されません。どんなに小さな約束でも、必ず守りましょう。約束を守れないことは、お客様に対する裏切り行為です。そして、一度裏切られたお客様は、二度とあなたを信頼してくれないかもしれません。感謝の言葉は、相手の心を温め良好な関係性を保つことができます。

3．お客様の立場に立って考える

お客様の立場に立って考えることで、お客様のニーズや課題をより深く理解することができます。お客様が本当に求めているものは何か？お客様が抱えている悩みや不安は何か？お客様の立場に立って考えることで、お客様の気持ちを理解し、共感することができます。

4. お客様に寄り添う

お客様の気持ちを理解し、共感することで、お客様との距離を縮めることができます。お客様が困っている時は、親身になって相談に乗りましょう。お客様が悩んでいる時は、一緒に解決策を考えましょう。お客様が喜んでいる時は、一緒になって喜びましょう。お客様に寄り添うことで、お客様はあなたを「**信頼できるパートナー**」として認識し、あなたとの長期的な関係性を築いてくれるようになるはずです。

5. プラスアルファの価値を提供する

商品やサービスを販売するだけでなく、お客様にとってプラスアルファの価値を提供することで、お客様に「あなたから買いたい」「あなたに頼みたい」と思ってもらうことができます。

例えば、

- 適切な情報を提供する
- 人脈を紹介する
- 相談に乗る

など、お客様のニーズに合わせて、**様々な付加価値を提供する**ことで、お客様はあなたを「頼れる存在」として認識し、あなたとの関係性を深めてくれるようになるはずです。

6. 感謝の気持ちを伝える

感謝の気持ちを伝えることは、良好な人間関係を築く上で非常に重要です。「ありがとうございます」「感謝しています」といった言葉を、心から伝えるようにしましょう。感謝の言葉は、**相手の心を温かくし、あなたとの関係性を良好に保つことができます**。

7. 継続的な関係性を築く

商品やサービスを販売した後も、お客様との関係性を継続することで、お客様との信頼関係を深めることができます。

定期的に連絡を取り合ったり、イベントに招待したりするなど、様々な方法でお客様との関係性を継続することで、お客様はあなたを「大切なパートナー」として認識し、**あなたとの長期的な関係性を築いてくれる**ようになるはずです。

1-5 ニーズの把握 ―お客様の真のニーズを引き出す質問力―

お客様のニーズを的確に捉えることは、営業活動の土台となるものです。しっかりとした土台なしに家を建てることができないように、ニーズの把握なしに成功する営業はありえません。同様に、お客様のニーズを理解せずに提案をしても、お客様の心に響くことはありませんし、契約に繋がる可能性も極めて低くなります。

先述したように、お客様は商品が欲しいのではありません。自分の悩みや課題を解決してくれる「解決策」を求めているのです。そして、営業パーソンの役割は、お客様のニーズを的確に捉え、そのニーズに合った最適な解決策を提案することです。それはつまり、**お客様の悩みに寄り添う「名探偵」のように、隠されたニーズを解き明かし、お客様を成功へと導くお手伝いをすること**なのです。

では、どのようにすればお客様の真のニーズを引き出すことができるのでしょうか？それは、「質問力」です。質問力を鍛えることで、あなたは自在に宝刀を操る剣士のように、お客様の言葉の奥底に眠るニーズという名の宝物を掘り起こすことができるのです。

質問の種類と効果的な使い方

質問には、大きく分けて以下の3種類があります。

1. **開放型質問**：「はい」や「いいえ」で答えられない質問。例えば、「最近、何かお困りのことはありますか？」「どんな未来を実現したいですか？」など。開放型質問は、お客様に自由に話してもらうことで、お客様の価値観や考え方、そして潜在的なニーズなどを引き出すことができます。

2. **閉鎖型質問**：「はい」や「いいえ」で答えられる質問。例えば、「この商品は、○○という機能が搭載されていますが、○○様は、この機能を重要視されていますか？」「現在、○○社の製品をお使いですか？」など。閉鎖型質問は、お客様のニーズを絞り込み、具体的な情報を効率的に収集することができます。

3. **誘導質問**：相手に特定の答えを導くための質問。例えば、「この商品を使うことで、業務効率が10％向上しますが、いかがですか？」など。誘導質問は、お客様に商品のメリットを再確認させたり、お客様の背中を押す効果があります。ただし、誘導質問は使いすぎると、お客様に「誘導尋問されている」と感じさせてしまう可能性があるので、注意が必要です。

質問力を高めるための3つのポイント

1. 5W1Hを意識する：When（いつ）、Where（どこで）、Who（誰が）、What（何を）、Why（なぜ）、How（どのように）の**6つの疑問詞を意識して質問する**ことで、お客様からより多くの情報を引き出し、多角的に分析することができます。

2. お客様の状況を想像する：**お客様の立場に立って考える**ことで、お客様が本当に聞きたい質問、知りたい情報、そして潜在的なニーズが見えてきます。例えば、お客様が子育て中の主婦であれば、「お子様は何人いらっしゃいますか？」「普段、お子様とどのように過ごされていますか？」「子育てに関するお悩みはありますか？」といった質問をすることができます。

3. お客様の言葉に耳を傾ける：お客様が話している時は、しっかりと耳を傾け、お客様の言葉の奥にある真意を汲み取りましょう。お客様は、必ずしも言葉で伝えたいことをすべて言葉で表現できるわけではありません。時には、**言葉にならない感情や思いを、表情や態度、声のトーンなどで表現していることもあります**。

質問はコミュニケーションの第一歩

質問することは、お客様とのコミュニケーションの第一歩です。質問を通じて、お客様との信頼関係を築き、お客様のニーズを深く理解し、お客様に「あなたから買いたい」と思ってもらえる存在になりましょう。

1-6

効果的な提案 ―お客様を惹きつけるプレゼンテーション術―

あなたは、渾身の力を込めてプレゼンテーションを行っているのに、お客様の反応がイマイチ…そんな経験はありませんか?もしかしたら、あなたの提案は、お客様の心に響いていないのかもしれません。

プレゼンテーションは、営業活動における最大の山場です。どんなに素晴らしい商品やサービスでも、お客様の心を掴むプレゼンテーションができなければ、宝の持ち腐れになってしまいます。

プレゼンテーションとは、単なる商品説明ではありません。それは、お客様の心を動かし、行動を促すための「パフォーマンス」です。舞台役者がスポットライトを浴び、観客の心を惹きつける演技を披露するように、営業パーソンも、お客様の心を掴むプレゼンテーションをする必要があるのです。

効果的な提案をするための3つのポイント

効果的な提案をするためには、以下の3つのポイントを意識しましょう。

1. お客様のニーズに合わせた提案
2. ストーリーで語る
3. 五感を刺激する

1. お客様のニーズに合わせた提案

繰り返しますが、お客様は商品が欲しいのではありません。自分の悩みや課題を解決してくれる「解決策」を求めているのです。

お客様のニーズを的確に捉え、そのニーズに合った最適な解決策を提案することで、お客様の心を掴むことができます。

例えば、お客様が「新規顧客を開拓したい」というニーズを持っているとします。

このニーズに対して、「この商品は、最新のマーケティング機能が搭載されているため、新規顧客開拓に役立ちます」と提案するだけでは不十分です。

お客様は、「最新のマーケティング機能」が、具体的にどのように役立つのかを理解していません。

そこで、「この商品は、最新のマーケティング機能が搭載されているため、ターゲット顧客を絞り込み、効率的にアプローチすることができます。例えば、○○様の場合、○○という属性の顧客にアプローチすることで、新規顧客開拓の成功率を高めることができます」といったように、お客様の状況に合わせた**具体的な提案をする**ことが必要なのです。

2. ストーリーで語る

人は、ストーリーに心を動かされる生き物です。

商品説明をする際に、ただ単に商品の機能や特徴を説明するだけでは、お客様の心に響きません。

商品の開発秘話や、お客様の成功事例などを交えながら、ストーリーで語ることで、お客様の感情に訴えかけ、共感を得ることができます。

例えば、ある化粧品メーカーの営業マンは、自社の化粧品の開発秘話を語る際に、「この化粧品は、開発者の娘がアトピー性皮膚炎に悩んでいたことがきっかけで開発されました。娘のアトピー性皮膚炎を治したいという一心で、開発者は何年も研究を続け、ついにこの化粧品を完成させたのです」といったストーリーを語りました。

このストーリーを聞いたお客様は、開発者の娘への愛情、そして、商品開発にかける情熱に心を動かされ、その化粧品を購入したそうです。

このように、**ストーリーで語ることで、お客様の感情に訴えかけ、共感を得ることができる**のです。

3. 五感を刺激する

人は、五感（視覚、聴覚、嗅覚、味覚、触覚）を通して情報を得ています。

プレゼンテーションをする際には、五感を刺激することで、お客様の印象に残りやすい提案をすることができます。

例えば、新車のプレゼンテーションをする場合、

●視覚：車のデザインやカラーリング、カタログやパンフレットを見せる
●聴覚：エンジンの音やカーオーディオの音を聞かせる
●嗅覚：新車の香りをかがせる
●味覚：車やカタログを見ながら飲み物やお菓子を提供する
●触覚：シートの座り心地やハンドルを握った感触を体験してもらう

といったように、**五感を刺激する**ことで、お客様は商品をよりリアルに感じることができ、購買意欲を高めることができます。

1-7

クロージングの極意 ―お客様に納得して購入を決断させる―

クロージングとは、お客様に購入を決断してもらう最終段階のことです。野球で言えば9回裏ツーアウト満塁、サッカーで言えば試合終了間際のPKのような、まさに営業活動における最大の山場です。

どんなに素晴らしい提案をしても、クロージングを失敗すれば、すべてが水の泡になってしまいます。だからこそ、クロージングは、慎重に、そして丁寧に進める必要があるのです。

クロージングの目的は、「お客様に納得して購入を決断させる」ことです。**お客様にプレッシャーをかけ**

たり、無理強いしたりするのではなく、お客様に寄り添い、お客様が納得いくまで丁寧に説明を繰り返すことが重要です。あなたが、お客様をゴールまで導く伴走者のように、寄り添い、励まし、そして背中を押してあげましょう。

効果的なクロージングをするためには、以下の3つのポイントを意識しましょう。

1. お客様の「出口」を塞ぐ
2. 2種類のクロージングを使い分ける
3. 本命クロージングは一つに絞る

1. お客様の「出口」を塞ぐ

お客様が商品やサービスを購入しない「出口」は、主に以下の5つです。

- ●お金がない
- ●必要性を感じていない
- ●決裁権がない
- ●他社と比較検討したい
- ●タイミングが合わない

これらの「出口」**を事前に想定し、それぞれに対する対応策を用意しておく**ことで、お客様が「買わない理由」をなくし、「買うしかない！」という状況になります。

2．2種類のクロージングを使い分ける

クロージングには、大きく分けて「連打型」と「沈黙型」の2種類があります。

●連打型クロージング：マシンガンのように、商品のメリットや魅力を次々と伝え、お客様を圧倒するクロージング。決断力のあるお客様や、既に商品についてある程度の知識を持っているお客様に有効です。

●沈黙型クロージング：お客様が自ら決断するまで、じっと待つクロージング。決断力に欠けるお客様や、商品についてあまり知識がないお客様に有効です。

どちらが良い悪いではなく、お客様のタイプや状況に合わせて使い分けることが重要です。

3．本命クロージングは一つに絞る

クロージングで大切なのは、「何を伝えるか」だけでなく、「どのように伝えるか」です。

どんなに素晴らしい商品やサービスでも、伝え方が悪ければ、お客様の心に響きません。

そこで、クロージングでは、最も伝えたいメッセージを一つに絞り、それを効果的に伝えることが重要です。

人間の集中力は長くは続きません。長々と説明すればするほど、お客様は飽きてしまい、重要なメッセ

ージが伝わらなくなってしまいます。

例えるならば、ボクシングの試合のように、パンチを連打するのではなく、ここぞという時に渾身の一撃を叩き込むことなのです。

クロージングも同様に、最も伝えたいメッセージを一つに絞り、お客様の心に突き刺さるように伝えることが重要です。

1-8

成約率UPに繋がる! 売れない営業パーソンがやりがちなミスと改善策

「売れない営業パーソン」と「売れる営業パーソン」。この両者の違いはどこにあるのでしょうか?

実は、両者の間には、決定的な「差」があるのです。

そして、その「差」を埋めることができれば、あなたも「売れる営業パーソン」になれる可能性を秘めているのです。

この項では、「売れない営業パーソンがやりがちな3つのミス」とその改善策を具体的に解説します。

1．売れない営業パーソンは準備が足らない

売れない営業パーソンは、**準備不足**で商談に臨む傾向があります。

「何とかなるだろう」「大丈夫だろう」

そんな甘い考えで商談に臨んでしまうのです。

しかし、準備不足は、商談を失敗させる最大の原因となります。

準備不足で商談に臨んでしまうと、

●お客様のニーズを的確に捉えることができない
●的外れな提案をしてしまう
●質問に答えられない
●クロージングで失敗する

など、様々なミスを犯してしまう可能性があります。

天気予報も確認せず、雨具も持たず、コンパスも持たずに大海原を航海するようなものです。果たして頂上にたどり着くことができるでしょうか？もちろん、不可能です。営業活動も同様です。

しっかりと準備をすることで、

●お客様のニーズを的確に捉えることができる
●お客様に合った提案をすることができる

●お客様の質問に的確に答えることができる
●お客様に納得して購入を決断してもらうことができる

など、様々なメリットがあり、目標を達成することができるのです。

準備段階でやるべきこと

準備段階でやるべきことは、次の5つです。

1. **お客様の情報**を徹底的に調べる
2. **競合他社**の情報を徹底的に調べる
3. **提案内容**をしっかりと準備する
4. 質問されるであろう**質問を想定**し、回答を準備する
5. クロージングの流れを**シミュレーションする**

1. お客様の情報を徹底的に調べる

例えば、法人のお客様であれば、会社名、業種、事業内容、売上高、従業員数、設立年月日、所在地、電話番号、ホームページURL、社長名、役職名、部署名、担当者名、そして経営理念など、**入手できる情報はすべて**調べましょう。

お客様の情報を徹底的に調べることで、お客様のビジネスモデルや経営課題を理解することができます。

そして、お客様のビジネスモデルや経営課題を理解することで、お客様に合った提案をすることができるようになります。

2．競合他社の情報を徹底的に調べる

言うまでもなく、車という商品は多くのメーカーから販売されています。競合他社の商品やサービス、価格、販売戦略、そしてお客様からの評判…など、入手できる情報はすべて調べましょう。

競合他社の情報を徹底的に調べることで、**自社製品の優位性を明確にする**ことができます。

そして、自社製品の優位性を明確にすることで、お客様に「なぜ自社製品を選ぶべきなのか？」を納得してもらうことができるようになります。

3．提案内容をしっかりと準備する

お客様にどんな提案をするのかをしっかりと準備しておきましょう。

提案内容は、お客様のニーズや課題に合わせて、カスタマイズする必要があります。

そこで、提案内容を準備する際には、
●お客様のニーズや課題を**想定する**

●**複数の提案**を用意する
●提案内容を分かりやすく説明する**資料を作成**する
といった点を意識しましょう。

4. 予想される質問を想定し、回答を準備する

お客様から質問された時に、スムーズに回答できるように、**事前に想定質問を洗い出し**、回答を準備しておきましょう。

例えば、
●「なぜ、御社の製品を選ぶべきなのでしょうか?」
●「競合他社の製品と比べて、何が優れているのでしょうか?」
●「価格はいくらですか?」
●「納期はどれくらいですか?」
といった質問です。

これらの質問に対して、自信を持って回答できるように、事前にしっかりと準備しておきましょう。

5．クロージングの流れをシミュレーションする

クロージングで失敗しないように、事前にクロージングの流れをシミュレーションしておきましょう。

クロージングの流れをシミュレーションする際には、

●**お客様のタイプを想定**する

●**お客様の反応を想定**する

といった点を意識しましょう。

2．売れない営業パーソンはお客様の話を聞かない

売れない営業パーソンは、**お客様の話を聞かない傾向**があります。

自分の話ばかりしたり、お客様の話を遮ったりしてしまうのです。それは、自分の歌を聞かせたいだけのカラオケ歌手のようなもので、はたから見ていると滑稽でしかありません。

お客様は、あなたの話を聞きたいのではありません。

お客様は、自分の悩みを解決してほしいのです。

お客様の話を聞かない営業パーソンは、

●お客様のニーズを的確に捉えることができない

●的外れな提案をしてしまう

●お客様の信頼を失ってしまう

など、様々なデメリットがあります。

お客様の話を聞く際に重要なのは、「傾聴」することです。

傾聴とは、ただ単に相手の話を聞くだけでなく、相手の言葉の奥にある「気持ち」や「真意」を理解しようと努めることです。

傾聴するためには、

●**相手の目を見て**話す

●適度な**相槌を打つ**

●**質問をする**

といったことを意識しましょう。

3. 売れない営業パーソンは約束を守らない

売れない営業パーソンは、約束を守らない傾向があります。

時間に遅れたり、提出期限を守らなかったりするのです。

約束を守らない営業パーソンは、

●お客様の信頼を失ってしまう

●ビジネスチャンスを逃してしまう

など、様々なデメリットがあります。

約束を守ることは、ビジネスパーソンとしての基本です。

どんなに小さな約束でも、必ず守りましょう。

そして、万が一、約束を守ることができない場合は、事前に相手に連絡し、謝罪しましょう。

この章のまとめ：営業の基本をマスターして最強の営業パーソンへの第一歩を踏み出そう！

この章では、営業活動の基本について解説しました。営業とは、商品を「売る」のではなく、お客様の課題を「解決する」ことであり、お客様にとってのヒーロー、頼れるガイド、専属コンサルタントのような存在になることです。この定義を理解することが、売れる営業パーソンになるための第一歩です。

営業活動は、「準備」「ヒアリング」「提案」「クロージング」「アフターフォロー」という5つのステップで構成されます。それぞれのステップで重要なポイントを押さえることで、お客様の心を掴み、契約へと導くことができるのです。

まず「準備」は、情報収集という名の冒険の準備です。お客様のニーズや課題、競合他社の情報などを徹底的に調べておくことで、お客様に最適な提案をすることができます。準備を怠ることは、地図もコンパスも持たずに航海に出るようなもので、遭難は免れません。

次に「ヒアリング」では、お客様のニーズや課題を丁寧に聞き出すことが重要です。状況質問、問題質問、視差質問といった3種類の質問を効果的に使うことで、お客様の隠れたニーズを名探偵のように解き明かすことができます。

そして「提案」では、お客様のニーズや課題を解決するための最適な商品やサービスを、医者が患者に病状を説明するように、論理的かつ具体的に説明します。提案は、お客様の心を動かすパフォーマンスです。

「クロージング」は、お客様に購入を決断してもらう最終段階、まさに営業活動のクライマックスです。お客様の不安や疑問を解消し、購入の後押しをすることが重要です。クロージングを制するものは、営業を制すると言っても過言ではありません。

最後に「アフターフォロー」は、お客様との長期的な関係性を築くための重要なステップです。商品を販売した後も、お客様との関係性を継続し、お客様をサポートすることで、顧客満足度を高め、**リピーター獲得や新規顧客の紹介に繋げることができます。**

これらの基本を理解し、実践していくことで、あなたは「売れる営業パーソン」へと成長し、お客様から感謝され、自分自身も成長できる、やりがいのある営業人生を送ることができるようになるはずです。

第2章

お客様の心を掴む魔法の話し方

「商品は良いのに、なかなか売れない…」「一生懸命説明しているのに、お客様の反応がイマイチ…」「会話は盛り上がっているのに、契約に結びつかない…」こんな悩みを抱えている営業パーソンは、意外と多いのではないでしょうか?

実は、営業成績を上げるためには、商品知識や提案力だけでなく、「話し方」が非常に重要になります。お客様の心を掴む話し方ができれば、お客様は自然とあなたに心を開き、あなたの提案に耳を傾けてくれるようになります。そして、お客様があなたに信頼を寄せてくれれば、成約率は飛躍的に向上するはずです。

この章では、トップセールスパーソンである私が実践している「**お客様の心を掴む魔法の話し方**」の秘訣を、具体的な事例を交えながら解説します。これらの秘訣を一つひとつ紐解き、実践していくことで、あなたもお客様から「この人から話を聞きたい!」「この人から買いたい!」と思ってもらえる、魅力的な営業パーソンになれるはずです。

2-1

第一印象で差をつける! お客様に好印象を与える話し方10選

メラビアンの法則は心理学上の法則の一つですが、これによれば、人と人とのコミュニケーションにおいて、**視覚情報が55%**、聴覚情報が38%、言語情報が7%のウェイトで影響を与えると言われています。つまり、どれだけ素晴らしい提案内容であっても、**見た目や話し方が悪ければ、お客様に良い印象を与えることはできません**。

営業活動において、第一印象は非常に重要です。初対面のお客様は、あなたの人となりや能力、そして信用度を、最初の数秒間で判断します。あたかもオーケストラの演奏のように、最初の数小節で、観客は「この演奏は素晴らしい！」「この演奏はつまらない…」と判断してしまうのです。

第一印象で好印象を与えられれば、お客様はあなたに心を開き、あなたの提案に耳を傾けてくれるでしょう。逆に、第一印象で悪い印象を与えてしまえば、その後の商談がうまくいかないばかりか、せっかくのビジネスチャンスを逃してしまうことにもなりかねません。

そこで、この項では、お客様に好印象を与えるための10個の話し方の秘訣を、具体的な事例を交えながら解説します。

1. 笑顔で挨拶をする
2. ハキハキとした口調で話す
3. 相手の目を見て話す
4. 相手の名前を呼ぶ
5. 好奇心を刺激する自己紹介をする

6. お客様の状況に合わせた話題を選ぶ
7. 会話を盛り上げる質問をする
8. 共通点を見つける
9. お客様を褒める
10. 感謝の気持ちを伝える

1. 笑顔で挨拶をする

笑顔は、強力なコミュニケーションツールであり、世界共通の言語です。言葉が通じなくても、笑顔で挨拶をするだけで、相手との距離を縮め、親近感を抱いてもらうことができます。

笑顔で挨拶をすることは、お客様に好印象を与えるための第一歩です。笑顔で挨拶されたお客様は、「この人は感じが良さそうだ」「この人から話を聞いてみよう」という気持ちになり、商談がスムーズに進みやすくなります。

笑顔で挨拶をする際に重要なのは、「心から」笑顔でいることです。作り笑顔は簡単に見破られてしまいます。

心からの笑顔を作るには、**日頃から笑顔でいること**を心がけましょう。家族や友人、同僚、そしてすれ違う人…誰にでも笑顔で接することで、自然と笑顔が習慣化されます。

2. ハキハキとした口調で話す

ボソボソとした口調で話すと、お客様は「自信がないのかな?」「何を言っているのかわからない…」と感じてしまい、あなたの提案に耳を傾けてくれないかもしれません。

逆に、ハキハキとした口調で話すと、お客様は「自信がある人だな」「頼りになりそうだ」という好印象を抱き、心を開いて話を聞いてくれるはずです。

ハキハキとした口調で話すためには、以下の3つのポイントを意識しましょう。

- **大きな声**で話す
- **ゆっくり**と話す
- **語尾までしっかりと発音**する

3. 相手の目を見て話す

相手の目を見て話すことは、お客様に「真剣に話を聞いていますよ」「あなたの話に興味があります」という**メッセージを伝えるための重要な手段**です。

目を見て話すのが苦手な人もいるかもしれませんが、練習すれば必ずできるようになります。私も以前は人見知りで、相手の目を見て話すことが苦手でしたが、今ではセミナー講師として、数百人規模の聴衆の前でも堂々と話すことができるようになりました。

4. 相手の名前を呼ぶ

お客様の名前を呼ぶことは、お客様に「自分のことを覚えてくれている」「自分のことを大切に思ってくれている」と感じさせる効果があります。誕生日プレゼントに、自分の名前が刻印されているのを見た時のような、**特別な喜び**を感じさせることができるのです。

5. 好奇心を刺激する自己紹介をする

自己紹介は、**お客様に「あなた」という人間を知ってもらうため**の最初のプレゼンテーションの場です。ありきたりな自己紹介では、お客様の記憶に残りません。スーパーに並んでいるたくさんの商品の中で、パッケージが地味な商品は、消費者の目を引くことができないのと同じです。

6. お客様の状況に合わせた話題を選ぶ

お客様との会話は、一方的に自分の話をするのではなく、**お客様が興味を持つ話題、聞きたいと思う話題を提供する**ことが重要です。デートで、自分の好きなアイドルの話ばかりしていても、相手に飽きられてしまうのと同じです。

7. 会話を盛り上げる質問をする

お客様との会話は、一方的に話すのではなく、お客様に質問をすることも重要です。質問をすることで、お客様の考えや思いを知ることができますし、お客様が話しやすい雰囲気を作ることもできます。キャッチボールのように質問を投げかけ、お客様の言葉をしっかりと受け止めることで、**お客様との会話を盛り上げる**ことができるのです。

8. 共通点を見つける

お客様との会話の中で、共通点を見つけることは、例えるなら、宝探しゲームで宝箱を開ける鍵を見つけた時の喜びに似ているかもしれません。共通点を見つけることで、お客様との距離を縮め、**親近感**を高め、「この人は、自分と似た価値観を持っている人だ」と感じさせることができます。

9. お客様を褒める

お客様を褒めることは、お客様に好印象を与えるための強力な武器となります。人は誰しも、褒められると嬉しいものです。お客様は、砂漠で喉がカラカラの時にオアシスを見つけた時のような喜びを感じ気分が良くなります。**褒め言葉は、お客様の心を満たす魔法の言葉**なのです。

10. 感謝の気持ちを伝える

感謝の気持ちを伝えることは、人間関係における基本中の基本です。「ありがとうございます」「勉強になりました」「感謝しています」…これらの言葉を、心から伝えるようにしましょう。**感謝の気持ち**は、あなた自身を成長させるだけでなく、周りの人々にも良い影響を与えます。

2-2

相手の警戒心を一瞬で解く！ 魔法のフレーズ集3選

初対面のお客様は、あなたに対して警戒心を持っているものです。あなたのことを見定め、警戒しながら距離を測ろうとしています。そんな警戒心の強いお客様に、いきなり商品の説明を始めても、お客様の心には響きません。

そこで、お客様の警戒心を解き、心を開いてもらうための声掛けが必要になります。

この項では、私が実際に使っている「お客様の警戒心を一瞬で解く魔法のフレーズ」を3つご紹介しましょう。

1. 「もしかしてこれって…」：お客様の承認欲求を満たす
2. 「実は私も一緒です」：共感力を示す

3.「〇〇さんだからお伝えしますけど…」：特別感を演出する

これらのフレーズは、**お客様とのラポール（信頼関係）**を築き、お客様の本音を引き出すための強力な武器となります。そして、これらのフレーズは、営業だけでなく、恋愛やプライベートな人間関係にも応用することができますので、ぜひ、覚えて使ってみてください。

1.「もしかしてこれって…」：お客様の承認欲求を満たす

「もしかしてこれって…」という言葉は、お客様に「もしかしたら、自分のことを理解してくれているのかも…？」と思わせる効果があります。これは、「バーナム効果」と呼ばれる心理現象を利用したテクニックです。

バーナム効果とは、誰にでも当てはまるような曖昧な情報を、あたかも自分だけに当てはまる特別な情報であるかのように錯覚してしまう心理現象のことです。

例えば、占い師が「あなたは、責任感が強く、周りの人から頼りにされるタイプです」といった、誰にでも当てはまるようなことを言うと、多くの人が「当たってる！」と感じてしまうのは、このバーナム効果によるものです。

このバーナム効果を営業トークに応用することで、お客様の警戒心を解き、心を開かせることができるのです。

具体的な例を挙げてみましょう。

お客様のアンケートを見て、「もしかして、○○様は、読書がお好きですか?」と質問します。もし、お客様が実際に読書好きであれば、「どうしてわかったんですか?」と驚き、あなたに興味を持ってくれるはずです。きっとあなたがお客様の心を見透かしたかのように感じるでしょう。

そして、たとえお客様が読書好きでなかったとしても、「読書がお好きそうに見えました!」「知的な雰囲気をお持ちですね!」と褒め言葉を加えることで、お客様は悪い気はせず、むしろ喜んでくれるはずです。人は誰しも、褒められたい、認められたいという承認欲求を持っています。この承認欲求を満たしてあげることで、お客様との距離を縮め、親近感を高めることができるのです。

2.「実は私も一緒です」:共感力を示す

お客様との会話の中で、**共通の話題を見つけること**は、お客様との距離を縮め、親近感を高めるために非常に効果的です。出身地が同じ、誕生日が同じ、趣味が同じ、好きなアーティストが同じ…共通点が見つかったら、その話題について積極的に話を広げていきましょう。

「実は私も一緒です」という言葉は、お客様に「仲間意識」を感じさせ、安心感を与える効果があります。人は、自分と似た価値観や考え方、あるいは趣味や嗜好を持つ人に、親近感を抱きやすいものです。

例えば、お客様が「ゴルフが好きなんです」と言ったとします。

この時、「そうなんですね」と相槌を打つだけでなく、「実は私もゴルフが好きなんです！○○さんのホームコースはどこですか？」と、自分の趣味を伝え、共通の話題について質問することで、お客様との距離を縮めることができます。

あるいは、お客様が「最近、仕事で悩んでいるんです」と言ったとします。

この時、「大変ですね」と相槌を打つだけでなく、「実は私も、以前、同じような経験がありまして…その時は、○○という方法で乗り越えることができました」と、自分の経験談を話すことで、お客様に共感し、寄り添う姿勢を示すことができます。

3.「○○さんだからお伝えしますけど…」：特別感を演出する

人は誰しも、他人から認められたい、特別扱いされたいという欲求、「承認欲求」を持っています。「○○さんだからお伝えしますけど…」という言葉は、この承認欲求を満たし、お客様に「**自分は特別な存在なんだ**」と感じさせる効果があります。

例えば、「○○さんだからお伝えしますけど…実は、この商品は、まだ一般には公開されていないんです」といったように、秘密を共有するような口調で話すことで、お客様は「自分は特別な情報を教えてもらえた」と感じ、あなたに親近感を抱いてくれるはずです。

あるいは、「○○さんだからお伝えしますけど…実は、私は、○○さんのことを以前から注目していたんです」といったように、お客様を特別扱いすることで、お客様は「自分は認められている」「自分は必要とされている」と感じ、あなたに好印象を抱いてくれるはずです。

2-3

沈黙を制する者が商談を制す！ 沈黙を味方にする会話術

沈黙。それは、時に気まずく、時に緊張感が漂う、不思議な時間です。沈黙を恐れるあまり、早口でまくしたててしまったり、余計な一言を言ってしまったり…そんな経験はありませんか？

沈黙は、使い方次第で、お客様の心を掴むための強力な武器にも、逆に、信用を失ってしまう諸刃の剣にもなり得るのです。

沈黙を制する者が商談を制す。

この言葉は、私が長年の営業経験を通して学んだ、重要な教訓です。

この項では、沈黙を「味方」にするための会話術を、3つのポイントに絞って解説します。

1. 沈黙の種類を知る

沈黙には、大きく分けて2つの種類があります。

●ポジティブな沈黙
●ネガティブな沈黙

ポジティブな沈黙とは、お客様が真剣に考えている時の沈黙、感動している時の沈黙、あなたの提案に納得している時の沈黙などです。

ネガティブな沈黙とは、お客様が退屈している時の沈黙、不快に感じている時の沈黙、怒っている時の沈黙などです。

ポジティブな沈黙は、お客様との信頼関係を築くチャンスです。お客様は、あなたの提案を真剣に検討し、自分にとって本当に必要な商品なのかどうかを判断しようとしているのです。

そんな時に、あなたが焦って言葉を挟んでしまうと、お客様の思考を妨げ、せっかくのチャンスを逃してしまう可能性があります。

お客様が真剣に考えている時は、じっと待ち、お客様が自ら口を開くまで、沈黙を続けましょう。果物は、無理に早く収穫しようとすると、味が酸っぱかったり、十分な甘みがなかったりします。じっくりと熟すのを待つことで、一番おいしい状態を味わうことができます。焦らずに時を待つことが大切です。

ネガティブな沈黙は、お客様との信頼関係を損なうリスクがあります。お客様が退屈していたり、不快に感じていたりする時は、一刻も早く沈黙を打破する必要があります。

話題を変える、質問をする、ジョークを言う、場を和ませる…など、状況に応じて適切な対応をしましよう。

2．沈黙を効果的に使う

沈黙は、使い方次第で強力な武器にもなります。

例えば、お客様に商品の価格を提示した後に、**あえて沈黙を置くことで、お客様に価格の重みを感じさせることができます。**

あるいは、お客様に重要な質問をした後に、あえて沈黙を置くことで、お客様に真剣に考えてもらうことができます。

沈黙は、お客様の感情を揺さぶり、行動を促す効果があります。

3．沈黙を恐れない

沈黙を恐れるあまり、早口でまくしたててしまったり、余計な一言を言ってしまったり…そんな経験はありませんか？

沈黙は、必ずしも怖いものではありません。

沈黙を恐れず、落ち着いて対応することで、お客様に安心感と信頼感を与えることができます。

そして、お客様に「この人は信頼できる人だ」と思ってもらえれば、成約率を高めることができるのです。

2-4 雑談で差をつける！ お客様との距離を縮める雑談テクニック5選

雑談は、お客様との距離を縮め、親しみやすい印象を与えるための強力なツールです。初対面のお客様は、あなたに対して警戒心を持っているかもしれません。しかし、あなたが雑談を通じて、お客様との共通の話題を見つけ、親近感を抱いてもらうことができれば、お客様はあなたに心を開き、あなたの提案に耳を傾けてくれるようになるはずです。

雑談は、単なる世間話ではありません。それは、お客様との信頼関係を築き、商談を成功させるための重要なステップです。雑談を制する者が商談を制す。まさに、雑談は「営業の潤滑油」です。

この項では、お客様との距離を縮めるための雑談テクニックを5つご紹介いたします。

1. 共通の話題を見つける
2. 相手の話を広げる
3. 質問のバリエーションを増やす
4. 時事ネタを仕入れる

1. 共通の話題を見つける

お客様との距離を縮めるためには、共通の話題を見つけることが非常に重要です。出身地が同じ、誕生日が同じ、趣味が同じ、好きな食べ物が同じ…など、**共通の話題を見つける**ためには、お客様の持ち物、服装、言葉遣い、仕草など、あらゆる情報から、お客様の趣味や嗜好、価値観などを推測することが重要です。そして、お客様の好きなスポーツや趣味に関する情報を事前に調べておくのも共通の話題を見つけるためには必要です。

2. 相手の話を広げる

お客様が話している話題に対して、「そうなんですね」と相槌を打つだけでなく、「○○ということは、××ということですか?」「○○ということは、△△がお好きなんですね?」といったように、**相手の話を広げる質問をする**ことで、お客様は「自分の話を聞いてもらえている」「自分のことを理解しようとしてくれている」と感じ、喜んで話をしてくれるはずです。

3．質問のバリエーションを増やす

「最近、いかがお過ごしですか？」「お仕事は順調ですか？」といったありきたりな質問ばかりでは、お客様は退屈してしまい、会話が盛り上がりません。そこで、「最近、何か面白いことはありましたか？」「休日はどのように過ごされていますか？」「何か新しい挑戦はされていますか？」といったように、質問のバリエーションを増やすことで、**お客様の興味を引き出し**、会話を盛り上げることができます。

4．時事ネタを仕入れる

最近のニュースや話題、流行などを知っておくことで、お客様との会話のきっかけを作ることができます。新聞やニュースサイト、ニュースアプリなどで情報を収集しておきましょう。ただし、**政治や宗教など、デリケートな話題は避ける**ようにしましょう。

5．褒め上手になる

人は誰しも、褒められると嬉しいものです。お客様を褒めることは、お客様に好印象を与えるだけでなく、お客様との距離を縮めるためにも効果的です。ただし、お世辞はすぐにバレてしまいますので、**心からの褒め言葉を伝えましょう**。

2-5

電話営業で成果を出すための5つの秘訣

電話営業は、多くの営業パーソンにとって、鬼門となる業務の一つです。顔が見えない相手に対して、声だけで商品の魅力を伝え、アポイントを獲得しなければならない…そんなプレッシャーから、電話営業を苦手とする人も少なくありません。それは例えるなら、暗闇の中で見えない相手にボールを投げるようなものです。コントロールも定まらず、狙った場所に届けるのは至難の業でしょう。

しかし、電話営業は、新規顧客開拓のための強力なツールです。電話をかけるだけで、全国各地のお客様にアプローチできるのですから、これほど効率的な営業手法はありません。

この項では、私が18年間の営業人生で培ってきた「電話営業で成果を出すための5つの秘訣」を伝授します。

これらの秘訣を実践することで、あなたも電話営業の達人となり、新規顧客開拓を成功させることができるはずです。

1. 声のトーンと話すスピード
2. 笑顔で話す
3. 相手の名前を呼ぶ
4. 質問を効果的に使う

5．アポイント獲得にフォーカスする

1．声のトーンと話すスピード

電話営業では、顔が見えないため、声のトーンと話すスピードが相手に与える印象を大きく左右します。高い声で早口で話すと、相手は「せっかちな人だな」「落ち着きのない人だな」という印象を抱いてしまい、あなたの話を聞いてくれないかもしれません。

逆に、低い声でゆっくりと話すと、相手は「落ち着いている人だな」「信頼できそうな人だな」という好印象を抱き、心を開いて話を聞いてくれる可能性が高まります。

声のトーンと話すスピードを調整することで、相手に与える印象をコントロールし、好印象を与えましょう。

2．笑顔で話す

電話営業では、顔は見えないとはいえ、**笑顔で話すことが重要**です。笑顔で話すことで、声のトーンが自然と明るくなり、相手にポジティブな印象を与えることができます。

電話越しでも、あなたの笑顔はかならず相手に伝わります。電話回線はあなたの笑顔を届ける糸なのです。

笑顔で話すためには、電話をかける前に、鏡を見て笑顔を作る練習をしたり、「私はできる！」「必ずアポイントを獲得できる！」と心の中で唱えたりするのも効果的です。

3. 相手の名前を呼ぶ

お客様の名前を呼ぶことは、お客様に「自分のことを覚えてくれている」「自分のことを大切に思ってくれている」と感じさせる効果があります。電話営業でも、お客様の名前を呼ぶことは重要です。

お客様の名前を呼ぶ際に重要なのは、名前を間違えないことです。もし名前を間違えてしまったら、お客様に不快感を与え、不信感を持たれてしまう可能性があります。

初めてのお客様の場合は、名刺交換ができないため、お客様の名前を正確に聞き取り、復唱して確認することが重要です。「田中様でよろしかったでしょうか？」といった具合です。

そして、**商談中は、何度もお客様の名前を呼ぶように心がけましょう**。「田中様、本日はお忙しい中、お電話ありがとうございます」「田中様、この度は、弊社の新商品についてご案内させていただいております」といった具合です。

4. 質問を効果的に使う

電話営業では、一方的に商品説明をするのではなく、お客様に質問をすることで、お客様のニーズや課題を引き出すことが重要です。

お客様は、あなたの話を聞きたいのではありません。お客様は、自分の悩みを解決してほしいのです。

そこで、「○○様は、普段、どのようなことでお困りですか?」「○○様は、今後、どのような目標を達成したいですか?」といったように、**お客様のニーズや課題を尋ねる質問をする**ことで、お客様は「この人は、自分の話を聞いてくれる人だ」「この人は、自分のことを真剣に考えてくれる人だ」と感じ、あなたに心を開いてくれるはずです。

5. アポイント獲得にフォーカスする

電話営業の目的は、アポイントを獲得することです。

商品の説明や提案は、アポイントを獲得した後に、改めて行えば良いのです。

電話営業で長々と商品説明をしてしまうと、お客様は退屈してしまい、電話を切られてしまう可能性があります。

電話営業では、簡潔に要件を伝え、アポイントを獲得することにフォーカスしましょう。

2-6

オンライン商談を成功させる！ 画面越しでもお客様の心を掴む方法

コロナ禍以降、オンライン商談が急速に普及しました。場所や時間に縛られることなく商談を進められるオンライン商談は、どこにでも行ける「どこでもドア」を手に入れたようなものです。営業活動の効率化に大きく貢献し、もはや私たちの生活になくてはならないものになりつつあります。

しかし、**オンライン商談には、対面商談とは異なる難しさもあります。**「相手の表情や態度が読み取りにくい」「お客様の気持ちが掴めない」「コミュニケーションが取りづらい」…そんな悩みを抱えている営業パーソンも多いのではないでしょうか？

それは、慣れ親しんだグラウンドではなく、アウェイのスタジアムで試合をするようなものです。普段通りの実力を発揮できない、いつも以上に緊張してしまう…そんな経験をしたことがある人もいるかもしれません。

この項では、オンライン商談を成功させるための秘訣を、6つのポイントに絞って解説します。これらの秘訣は、私自身がオンライン商談で数々の成功と失敗を経験する中で培ってきた、いわば「勝利の方程式」です。これらの秘訣を実践することで、あなたもオンライン商談の達人となり、画面越しでもお客様の心を掴むことができるようになるはずです。

1. 環境を整える：商談空間をプロデュース

オンライン商談では、まず第一に、あなたの「商談空間」をプロデュースすることが重要です。背景、服装、照明…これらはすべて、お客様に与える印象を左右する重要な要素です。舞台役者が舞台セットにこだわるように、オンライン商談でも、相手に与える印象を良くするために、環境づくりにこだわりましょう。

●**背景**：生活感が出ないように、シンプルな背景を選びましょう。本棚や観葉植物を置くのも良いでしょう。あるいは、**バーチャル背景**を使うのもおすすめです。バーチャル背景を使う場合は、会社のロゴや商品画像など、ビジネスに関連する背景を選ぶようにしましょう。

●**服装**：対面商談と同じく、**清潔感のある服装**を心がけましょう。スーツを着る必要はありませんが、Tシャツや短パンなど、ラフすぎる服装は避けましょう。

●**照明**：**顔が明るく見えるように、照明を調整**しましょう。顔が暗いと、不健康そうに見えたり、暗い印象を与えてしまったりする可能性があります。

2. 自己紹介シートを用意する：お客様に安心感を与える

オンライン商談では、名刺交換をする機会がないため、**自己紹介シートを用意**しておきましょう。自己紹介シートは、あなたの「顔」となるものです。お客様に、あなたという人間を知ってもらうための重要なツールとなります。

自己紹介シートには、

- あなたの名前、会社名、部署、役職
- 顔写真
- 自己ＰＲ
- これまでの実績や経験
- 今後の目標やビジョン

などを記載しておきましょう。それは、あなたの「プロフィールブック」として繰り返し活用できる便利ツールになるはずです。

3．相手の名前を呼ぶ：お客様との距離を縮める

お客様の名前を呼ぶことは、お客様に「自分のことを覚えてくれている」「自分のことを大切に思ってくれている」と感じさせる効果があります。オンライン商談でも、お客様の名前を呼ぶことは非常に重要です。名前を呼ぶことで、お客様との距離を縮め、親近感を高めることができます。例えるなら、**お客様との間で見えない糸で繋がり、心の距離が近づく**ようなものです。

4. 画面共有を効果的に使う：理解度を高める

画面共有機能は、オンライン商談を円滑に進めるための強力なツールです。資料やデータなどを共有しながら商談を進めることで、お客様の理解度を高めることができます。例えるなら先生と生徒のように、黒板を使って授業を進めるようなものです。

画面共有をする際には、

- 事前に共有する資料を用意しておく
- 資料の内容を説明する練習をしておく
- お客様の質問に備えておく

といった準備をしておきましょう。

5. 相手の反応に注意を払う：言葉の裏側を読む

オンライン商談では、相手の表情や態度が読み取りにくいからこそ、相手の反応に注意を払うことが重要です。相槌の回数、表情の変化、発言の内容…など、あらゆる情報から、**お客様の心理状態を読み取りましょう**。名探偵のように、わずかな手がかりから事件の真相を解き明かすように、お客様の言葉の裏側にある真意を読み取る努力をしましょう。

6. 会話のテンポを意識する：心地よいリズム

オンライン商談では、音声の遅延が発生することがあるため、会話のテンポを意識することが重要です。早口でまくしたてたり、逆に沈黙が続いてしまったりすると、お客様は不快に感じてしまうかもしれません。リズムが狂った音楽のように、心地よく感じることができなくなってしまうのです。

適度な間を置き、落ち着いたトーンで話すように心がけましょう。そして、お客様の話が終わるまで、しっかりと待ち、お客様の言葉に耳を傾けるようにしましょう。

この章のまとめ：お客様の信頼を獲得する話し方をマスターして、商談を成功に導こう！

この章では、お客様の心を掴む＝信頼を獲得する話し方について、様々な角度からお伝えしてきました。話し方は、営業パーソンにとって、なくてはならないスキルです。

お客様に好印象を与え、信頼関係を築き、そして、お客様の心を掴む話し方をマスターすることで、商談を成功させ、営業成績を向上させることができるようになるでしょう。

そして、お客様から「あなたと話せてよかった」「あなたから買いたい」と言っていただける瞬間は、営業パーソンにとって、この上ない喜びであり、やりがいとなるはずです。

ぜひ、この章で学んだことを、明日からの営業活動に活かしてみてください。そして、お客様の心を掴む「魔法の話し方」をマスターし、一流の営業パーソンを目指しましょう！

第3章

時間を制する者が営業を制す！
最強の時間管理術

「時は金なり」―誰もが一度は耳にしたことがある言葉です。時間は、誰にとっても平等に与えられた貴重な資源です。しかし、この貴重な資源をどのように使うかは、人によって大きく異なります。

時間を有効活用できる人は、限られた時間の中で最大限の成果を上げ、充実した毎日を送ることができます。同じ食材を使っていても、一流のシェフは、限られた時間の中で、最高の一皿を作り上げることができるのと同じです。

一方、時間管理が苦手な人は、いつも時間に追われ、バタバタと慌ただしい毎日を送ることになります。時間という名の砂時計の砂が、どんどんと流れ落ちていくのを見ているだけで、何もできないような、そんな焦燥感に駆られるのです。

あなたはどちらのタイプでしょうか？

もし、あなたが「時間管理が苦手だ…」「いつも時間に追われている…」「もっと効率的に仕事を進めたい…」と感じているのであれば、この章はあなたにとって必読です。

この章では、トップセールスパーソンである私が実践している「最強の時間管理術」を10のテクニックに絞って解説します。**これらのテクニックは、私自身が18年間の営業人生で培ってきた、いわば「時間管理の秘伝の書」**です。

これらのテクニックを一つひとつ紐解き、実践していくことで、あなたも時間管理の達人となり、限られた時間の中で最大限の成果を上げ、プライベートも充実させることができるようになるはずです。さあ、

「時間」という名の武器を手に入れ、ライバルたちに差をつけましょう！

3-1

時間管理の重要性 ―なぜ時間管理が必要なのか？―

時間は、誰にとっても平等に与えられた、最も貴重な資源です。お金持ちも貧しい人も、1日に与えられた時間は24時間と全く同じです。ビル・ゲイツも、イチローも、スティーブ・ジョブズも、そしてあなたも私も、皆平等に24時間という時間を与えられています。この有限な時間をいかに有効活用するかが、人生の成功を左右すると言っても過言ではありません。

時間管理とは、単に時間を効率的に使うことだけではありません。「人生をデザインする」こと。「人生のハンドルを握る」こと。「時間のパイロットになる」ことでもあります。

自分の時間の使い方、何に時間を使うかで、あなたの人生は劇的に変わっていきます。

例えば、毎日ダラダラとテレビを見て過ごしている人と、毎日コツコツと勉強や自己研鑽に励んでいる人を想像してみてください。5年後、10年後、彼らの姿はどれほど違っているでしょうか？

時間管理ができない人は、

●いつも時間に追われている

●仕事がなかなか終わらない
●プライベートの時間が取れない
●ストレスが溜まっている
●成果が出ない
●周囲からの評価が低い

といった「負のスパイラル」に陥りがちです。ジェットコースターのように、時間という名のレールの上を、ただただ流され、自分の意志で人生をコントロールすることができなくなってしまうのです。

一方、時間管理ができる人は、

●余裕を持って仕事に取り組むことができる
●仕事を早く終わらせ、プライベートの時間を充実させることができる
●ストレスを軽減できる
●成果を上げ、周囲からの評価を高めることができる
●自分らしい人生を生きることができる

といったように、人生のハンドルをしっかりと握り、自分自身で人生をデザインしていくことができるのです。**自分で飛行機を操縦するパイロットのように、時間という名の空を自由に飛び回り、行きたい場所に迷うことなく辿り着くことができる**のです。

時間管理は、人生を豊かにするための重要なスキルです。そして、それは営業パーソンにとって、なくてはならない必須スキルでもあります。

営業の仕事は、時間との戦いです。

限られた時間の中で、

- 新規顧客を開拓する
- 既存顧客との関係を構築する
- 商談の準備をする
- 提案書を作成する
- お客様を訪問する
- アポイントを取る
- 電話営業をする
- メール対応をする
- 資料作成をする
- 研修を受ける

など、やるべきことが山積みです。次から次へと敵が襲いかかってくる、ＲＰＧゲームのまさに主人公です。

これらのタスクをすべてこなすためには、時間管理術をマスターし、1分1秒を無駄にすることなく、効率的に時間を使う必要があります。

時間管理術を身につけることで、あなたは、

- 限られた時間の中で、最大限の成果を上げることができる
- プライベートの時間を確保し、充実した人生を送ることができる
- ストレスを軽減し、心身ともに健康な状態を維持することができる

など、様々なメリットを享受することができます。

時間管理は、営業パーソンのみならずすべてのビジネスパーソン必携のテクニックです。そのテクニックを手に入れることができれば、あなたは必ず成功を掴むことができるはずです。

3-2 目標設定の極意 ―SMARTな目標設定でモチベーションを維持する―

目標設定は、時間管理と同様に、営業活動において非常に重要な要素です。目標設定を誤ると、時間管理もうまくいかず、せっかくの努力が水の泡となってしまいます。目標設定が曖昧だと、努力の方向性が定まらず、成果に繋がりません。羅針盤を持たずに大海原を航海する船のように、どこへ向かえば良いの

かわからず、目的地にたどり着くことはできないのです。

効果的な目標設定をするためには、「ＳＭＡＲＴ」の法則を意識することが重要です。ＳＭＡＲＴとは、Specific（具体的）、Measurable（測定可能）、Achievable（達成可能）、Relevant（関連性）、Time-bound（期限付き）という、５つの要素の頭文字をとったもので、**目標達成のための秘密の呪文**のようなものです。

●**Specific（具体的）**：「営業成績を上げる」といった抽象的な目標ではなく、「年間１００台の車を販売する」といったように、**具体的な目標を設定**します。具体的であればあるほど、目標達成までの道筋が明確になり、行動計画を立てやすくなります。これは、ぼんやりとした地図ではなく、詳細な地図を手に入れたようなものです。

●**Measurable（測定可能）**：目標達成度を測定できるように、数値化、定量化します。「顧客満足度を向上させる」といった抽象的な目標ではなく、「顧客満足度を90％以上にする」といったように、**具体的な数値目標を設定**することで、目標達成度を客観的に評価することができます。自分の成長を測るための身長計のように、目標達成度を数値化することで、自分の成長を可視化することができます。

●**Achievable（達成可能）**：**現実的に達成可能な目標を設定**します。高すぎる目標を設定してしまうと、モチベーションが低下し、諦めてしまうことも少なくありません。急激かつ高すぎるダイエット目標を設定して、途中で挫折してしまう人が多いように、目標は達成可能な範囲で設定することが重要です。

●**Relevant（関連性）**：あなたの**キャリアプランや人生の目標と関連性のある目標を設定**します。目標が自分のキャリアプランや人生の目標と関連していれば、モチベーションを高く維持し、努力を続けることができるはずです。自分の夢を実現するためのパズルのピースのように、目標が自分のキャリアや人生の目標と関連していれば、あなたはパズルを完成させるために、努力を惜しまなくなるはずです。

●**Time-bound（期限付き）**：必ず期限を設定します。「いつか○○になる」ではなく、「○年○月までに○○になる」といったように、**具体的な期限を設定すること**で、「締め切り効果」を最大限に活用することができます。締め切り効果とは、期限が近づくにつれて、モチベーションや集中力が高まる心理現象のことです。タイムリミットが迫ってくるサッカーやラグビーの試合のように、締め切り効果は、あなたの潜在能力を引き出し、最大限の力を発揮させてくれるでしょう。

ＳＭＡＲＴの法則に沿って目標を設定することで、

●目標達成へのモチベーションを高めることができる
●行動計画を立てやすくなる
●進捗状況を管理しやすくなる
●成果を上げやすくなる

●周囲からの評価を高めることができる
●キャリアアップに繋がる
●自分らしい人生を生きることができる
など、様々なメリットがあります。それは、目標達成のための「万能薬」です。

SMARTな目標設定は、営業パーソンにとって必須のスキルです。このスキルを身につけることで、あなたは必ず目標を達成し、成功を掴むことができるはずです。

私も若い頃は、目標設定の重要性を理解していませんでした。漠然とした目標を立て、何となく努力していましたが、なかなか成果に繋がりませんでした。しかし、SMARTの法則を学び、実践するようになってから、目標達成率が劇的に向上し、営業成績も飛躍的に伸びました。SMARTの法則は、私にとって、営業人生におけるターニングポイントだったと言えます。

3-3

タスク管理術 ―To Doリストで「やるべきこと」を明確にする―

タスク管理とは、仕事やプライベートの「やるべきこと」をリスト化し、整理・管理することです。頭の中だけで「やるべきこと」を管理しようとすることは、たくさんの荷物を抱えたまま、目的地まで歩こうとするようなものです。重くて歩きづらく、疲れてしまい、重要な荷物を見落としてしまったり、途中で諦めてしまったりするかもしれません。

Ｔｏ Ｄｏリストを作成することで、「やるべきこと」を「見える化」し、効率的にタスクを管理することができます。Ｔｏ Ｄｏリストは、あなたの頭の中を整理整頓してくれて、業務を効率化する「コンパス」です。

Ｔｏ Ｄｏリストの作り方

Ｔｏ Ｄｏリストは、アナログとデジタル、２種類の方法で作成することができます。

紙に書くアナログ方式の場合は、ノートやメモ帳など、自分が使いやすいものを使用しましょう。好きなペンやカラフルな付箋を使って、自分だけのオリジナルのＴｏ Ｄｏリストを作成するのも良いでしょう。

デジタル方式の場合は、Microsoft To Do、Google ToDoリスト、Trello、Any.doなど、様々なアプリがあるので、自分に合ったアプリを選べば問題ありません。スマートフォンのアプリであれば、いつでもどこでも手軽にＴｏ Ｄｏリストを確認・編集できるため、とても便利です。

ただし、Ｔｏ Ｄｏリストを作成する際には、次の３つのポイントに気を付けましょう。これらのポイントを意識することで、Ｔｏ Ｄｏリストを最大限に活用し、生産性を劇的に向上させることができるのです。

1．**具体的**なタスクに落とし込む

2. **期限**を設定する
3. **優先順位**をつける

1. 具体的なタスクに落とし込む：行動レベルまで落とし込む

「新規顧客開拓」という抽象的なタスクをＴｏ Ｄｏリストに書くのではなく、「A社に電話をかける」「B社を訪問する」「C社のホームページから資料請求をする」といったように、具体的なタスクに落とし込むことで、何から始めれば良いのかが明確になり、行動に移しやすくなります。料理のレシピのように、手順が具体的であればあるほど、美味しい料理を作ることができるのです。

2. 期限を設定する：締め切り効果でモチベーションアップ

タスクに期限を設定することで、「締め切り効果」を最大限に活用することができます。締め切り効果とは、期限が近づくにつれて、モチベーションや集中力が高まる心理現象のことです。また、期限を設定する際には、「いつまでに何を達成するのか」を具体的に設定しましょう。例えば、「明日中にA社に電話をかける」「今週中にB社を訪問する」「来月中にC社のホームページから資料請求をする」といった具合です。ロケット発射のカウントダウンのように、**期限が近づくほどに緊張感が高まり、最大限の力を発揮する**ることができるのです。

3. ＴｏＤｏリストを使いこなす

ＴｏＤｏリストは、作成するだけでは意味がありません。

作成したＴｏＤｏリストを、毎日確認し、タスクの進捗状況を管理していくことが重要です。そして、必要に応じて、ＴｏＤｏリストの内容を修正していくことも忘れないようにしましょう。

ＴｏＤｏリストは、あなたの「頭の中」を整理整頓し、生産性を高めるための強力なツールとなります。このツールを効果的に活用することで、あなたは必ず目標を達成し、成功を掴むことができるはずです。

3-4

重要なタスクを見極める ―プライオリティ・マネジメントのZ字型アプローチ

現代社会は、誰もが多くのタスクを抱え、時間に追われる日々を送っています。目の前の緊急な仕事に追われ、本来重要なことに手が回らない、そんな経験は誰にでもあるのではないでしょうか。多くの人は、緊急かつ重要なタスク（第1象限）にまず取り組みますが、その後、緊急ではないが重要なタスク（第2象限）よりも、緊急だが重要ではないタスク（第3象限）に流されてしまう傾向があります。そして最後は、緊急でも重要でもないタスク（第4象限）へと流れ着き、「L字型」の行動パターンを描いてしまうのです。

例えば、締め切り間近の顧客対応（第1象限）を終えた後、本来なら長期的な顧客関係構築のための戦略立案（第2象限）に時間を割くべきなのに、同僚からの急な頼み事や緊急性の低い会議（第3象限）に時間を奪われ、結局、1日が終わってみれば重要なタスクには全く着手できなかった、という具合です。このような「L字型」の行動パターンは、短期的な成果は得られても、長期的な成長や成功を阻害する大きな要因となります。

一方、成功している人々は、時間管理において全く異なるアプローチを取っています。彼らは「Z字型」の行動パターン、つまり、第1象限→第2象限→第3象限→第4象限の順にタスクを処理していきます。この「Z字型」アプローチの鍵となるのは、第2象限への注力です。多くの人は、緊急ではないものの、**長期的な成功に不可欠な「重要」なタスクを優先的に実行します**。ここに隠されている「成功の習慣形成」こそが、私たちを成功へと導く原動力なのです。

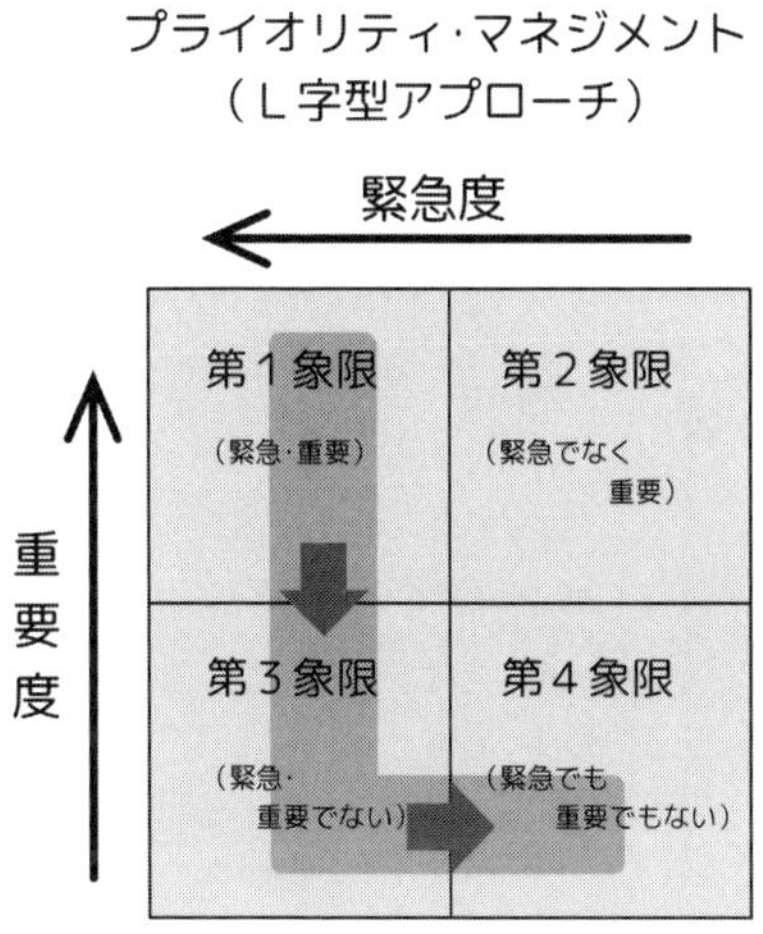

では、第2象限のタスクとは具体的にどのようなものでしょうか？いくつか例を挙げてみましょう。

●**人間関係の構築**：顧客、同僚、上司、家族、友人など、良好な人間関係を築くための時間は、緊急性は低くても非常に重要です。定期的な連絡や面談、感謝の気持ちを伝えるなど、小さな積み重ねが大きな信頼関係を築き、将来の成功に繋がる基盤となります。

●**自己研鑽**：新しいスキルや知識の習得、資格取得のための勉強などは、すぐに結果が現れるものではありませんが、長期的なキャリアアップや自己成長に不可欠です。日々の業務に追われる中でも、自己研鑽のための時間を確保することで、自身の市場価値を高め、将来のチャンスを掴むことができます。

●**健康管理**：健康はすべての活動の基盤です。規則正しい生活、バランスの良い食事、適度な運動などは、緊急性は低くても、長期的な健康維持に不可欠です。健康を損ねてしまっては、どんなに重要なタスクもこなすことができなくなってしまいます。

プライオリティ・マネジメント
（Z字型アプローチ）

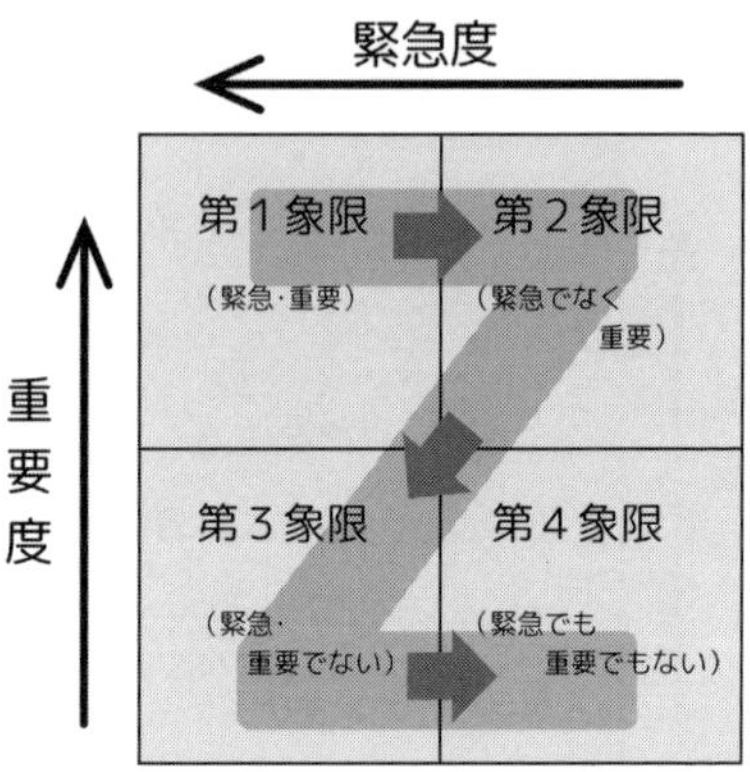

●**戦略立案**：ビジネスにおいては、市場分析、競合調査、事業計画の策定など、将来の成功に向けた戦略立案は非常に重要です。日々の業務に追われる中でも、戦略立案のための時間を確保することで、変化の激しい市場環境に適応し、持続的な成長を実現することができます。

●**イノベーションの創出**：新しいアイデアやサービス、製品の開発は、企業の成長に欠かせない要素です。創造的な時間を確保し、自由な発想を促すことで、革新的なイノベーションを生み出すことができます。

これらのタスクは、すぐに目に見える成果が出にくいことから、後回しにされがちです。しかし、長期的な視点で見れば、これらのタスクへの投資こそが、真の成功への道を開くのです。

私自身も、この「Z字型」アプローチ、特に第2象限への注力を意識するようになってから、大きな変化がありました。以前は、目の前の顧客対応や社内業務に追われ、重要な顧客との関係構築や将来の戦略立案に十分な時間を割くことができずにいました。しかし、時間管理のマトリックスを理解し、第2象限のタスクを優先的に行うようになってからは、上位20％の顧客との関係強化に重点を置くことができるようになり、結果として、売上向上に大きく貢献することができたのです。

さらに、家族や仲間との時間も大切にできるようになり、以前よりも充実したプライベート時間を過ごすことができるようになりました。仕事とプライベートのバランスが改善されたことで、ストレスも軽減され、より効率的に仕事に取り組めるようになりました。驚いたことに、就業時間を減らすことができたにも関わらず、仕事の業績は向上しました。これは、**時間管理の改善によって、より重要なタスクに集中できるようになった**結果だと実感しています。

時間管理は、単にタスクを効率的にこなすテクニックではありません。人生の目標を達成し、成功を掴むための戦略なのです。**「Z字型」アプローチと第2象限への注力**を通じて、「成功の習慣形成」を身につけ、より充実した人生を送りましょう。

3-5

スケジュール管理術 ―時間を最大限に活用するためのテクニック―

時間を最大限に活用するためには、スケジュール管理が不可欠です。スケジュール管理とは、1日24時間という限られた時間を、どのように配分し、何に時間を使うかを計画すること。いわば、人生という名の列車を運行するための**「時刻表」を作成する**ようなものです。

スケジュール管理ができない人は、いつも時間に追われ、バタバタと慌ただしい毎日を送ることになります。周りの景色を楽しむ余裕もなく、ただただ時間に流されて、あっという間に1日が終わってしまうようなものです。

一方、スケジュール管理ができる人は、時間をコントロールし、余裕を持って1日を過ごすことができます。自分の飛行機を操縦するパイロットのように、時間という名の空を自由に飛び回り、行きたい場所に正確に降り立つことができるのです。美しい景色を眺めながら、優雅に空の旅を楽しむことができます。

スケジュール管理は、「人生をデザインする」こと。そして、それは営業パーソンにとって、なくてはならないスキルでもあります。時間管理術をマスターすることで、あなたは、限られた時間の中で最大限の成果を上げ、充実した人生を送ることができるようになるでしょう。

手帳とカレンダーを使いこなす：アナログとデジタルを融合

スケジュール管理の基本は、手帳とカレンダーを使いこなすことです。**手帳は、あなたの時間を管理するための「司令塔」であり、カレンダーは、あなたの1日の流れを把握するための「地図」です。**

手帳には、アポイントや会議、タスクの締め切り、お客様の情報、アイデア、目標…など、様々な情報を書き込みましょう。あなたの人生の航海日誌のように、手帳に書き込むことで、思考や行動を整理し、可視化することができます。

カレンダーには、予定やタスクの実行時間を書き込むことで、1日の時間配分を最適化することができます。

手帳とカレンダーは、アナログでもデジタルでも構いません。重要なのは、自分が使いやすいツールを使うことです。最近では、Googleカレンダーや Microsoft Outlookカレンダーのように、スマートフォンやパソコンと同期できるデジタルカレンダーも普及しています。デジタルツールを活用することで、スケジュール管理をより効率的に行うことができます。

効果的なスケジュール管理術：タイムブロッキング

私が得意とするスケジュール管理術は、「タイムブロッキング」です。タイムブロッキングとは、1日の時間をブロックごとに区切り、それぞれのブロックにタスクを割り当てる時間管理術です。それは、畑を耕し作物を育てる農家のように、**1日の時間を区切り、それぞれのブロックに「やるべきこと」を植えていくイメージです**。

例えば、午前中は新規顧客開拓の時間に充て、午後は既存顧客との面談の時間に充て、夕方は資料作成の時間に充てるといった具合です。

タイムブロッキングをすることで、

- 集中力を高めることができる
- 作業効率を上げることができる
- 時間を無駄にすることがなくなる
- ストレスを軽減できる
- プライベートの時間を確保できる

など、様々なメリットがあります。私は時間管理の「万能薬」だと考えています。

タイムブロッキングのやり方：PDCAサイクルを回す

タイムブロッキングのやり方は、以下の通りです。

1．1日のスケジュールを大まかに決める
2．各ブロックにタスクを割り当てる
3．予定通りに実行できたかを振り返る

1．1日のスケジュールを大まかに決める

まずは、1日のスケジュールを大まかに決めましょう。

例えば、

●午前中：新規顧客開拓
●午後：既存顧客との面談
●夕方：資料作成

といった具合です。

2．各ブロックにタスクを割り当てる

1日のスケジュールを大まかに決めたら、各ブロックに具体的なタスクを割り当てましょう。

例えば、午前中の「新規顧客開拓」のブロックには、
●電話営業を10件かける
●メールを送信する
●SNSで情報発信をする
といったタスクを割り当てることができます。

3．予定通りに実行できたかを振り返る

1日の終わりに、予定通りに実行できたかを振り返りましょう。

そして、改善点があれば、次の日に活かしましょう。

タイムブロッキングは、PDCAサイクルを回すことが重要です。

Plan（計画）→Do（実行）→Check（評価）→Action（改善）

このサイクルを繰り返すことで、タイムブロッキングの効果を最大限に引き出すことができるのです。


時間管理は、人生管理です。時間を制する者は、人生を制する。

時間管理術をマスターすることで、あなたは限られた時間の中で最大限の成果を上げ、充実した人生を送ることができるようになります。時間を自由に操り、自分らしい人生を創造していきましょう。

3-6

集中力を高める方法 ―Distractionsを排除し、生産性を最大化する―

集中力は、営業パーソンにとって、なくてはならない能力です。集中力が高いほど、質の高い仕事ができ、生産性を高めることができます。

しかし、現代社会は、distractions（邪魔・妨害）であふれています。スマートフォン、SNS、メール、同僚のおしゃべり、周りの音、空腹、眠気…など、あなたの集中力を奪おうとする「誘惑の魔物」たちが、あなたの周りを取り囲んでいます。

集中力を奪われてしまうと、仕事の効率が落ち、ミスが増え、生産性が低下してしまいます。最終的には、営業成績にも悪影響を及ぼしてしまうかもしれません。集中力は、成功への道を歩むための必須条件なのです。

この項では、distractionsを排除し、集中力を高めるための方法を5つのポイントに絞って解説します。これらの方法は、私自身が集中力を高めるために実践している方法であり、多くのトップセールスマンも実践している効果的な方法です。

1. distractions（邪魔・妨害）を特定する：敵を知り己を知れば百戦殆うからず

まずは、あなたの集中力を奪っているdistractionsを特定しましょう。紙とペンを用意し、**「自分が仕事に集中できない原因は何か？」を書き出してみましょう。**原因を特定することで、適切な対策を立てることができます。自分の弱点を知ることができれば、適切な対策を立てることができるのです。

distractionsの例としては、

- スマートフォンの通知音
- SNSのチェック
- メールチェック
- 同僚のおしゃべり
- 周りの音
- 空腹
- 眠気
- 室温
- 照明

など、人それぞれです。リスト化することで、具体的な対策を立てることができます。

2．スマートフォンを遠ざける：デジタルデトックスで集中力アップ

スマートフォンの通知は、集中力を途切れさせる最大の原因となります。スマホのバイブレーション、着信音、画面の点滅…これらはすべて、あなたの注意を奪い、集中力を途切れさせる「誘惑の魔物」です。悪魔のささやきのように、あなたの耳元で「スマホを見ろ」「SNSをチェックしろ」「メールを読め」と囁きかけてきます。

そこで、必要なときはスマートフォンを机の上に置かない、カバンの中にしまう、電源を切る、あるいは、アプリを削除するなどして、distractionsを物理的に遮断しましょう。「**デジタルデトックス**」を実践することで、スマートフォンの誘惑から解放され、仕事に集中できる環境を作ることができます。

3．音楽を聴く：ノイズキャンセリングで集中力アップ

音楽を聴くことで、周りの音を遮断し、集中力を高めることができます。カフェで仕事をする際などは特に有効です。周りの話し声や雑音が気になって集中できないという方は、ぜひ試してみてください。

ただし、歌詞のある音楽は、かえって集中力を妨げてしまう可能性があるので、歌詞のない音楽、いわゆる「環境音楽」や「アンビエントミュージック」、クラシック音楽や自然の音などが効果的です。

4．周囲の協力を得る：チームワークで集中力アップ

同僚のおしゃべりがdistractionsになっている場合は、周囲の人に協力を求めましょう。「少し集中したいのです」とお願いするだけで、周りの人はあなたの状況を理解し、協力してくれるはずです。

人間は社会的な生き物です。**一人で仕事をするよりも、周りの人と協力し合うことで、より大きな成果を上げることができます。**そして、周囲の人と協力するためには、良好な人間関係を築くことが重要です。日頃から、周囲の人に挨拶をしたり、雑談をしたり、困っている人がいたら積極的に助けたりするなど、良好な人間関係を築いておきましょう。

5．集中できる時間帯を知る：バイオリズムを理解する

人間の集中力は、時間帯によって変化します。朝型人間、夜型人間…人それぞれです。自分自身が集中できる時間帯を知り、その時間帯に重要なタスクを行うことが重要です。

朝型人間であれば、午前中に重要なタスクを行い、午後は比較的簡単なタスクを行うように、逆に、夜型人間であれば、午前中は簡単なタスクを行い、午後に重要なタスクを行うようにスケジュールを組むといった具合です。

自分自身が集中できる時間帯を知るためには、1週間、あるいは1ヶ月間、様々な時間帯に仕事をし、その結果を元に、**自分自身にとって最適なスケジュール**を組むようにしましょう。

集中力は鍛えられる！

集中力は、生まれつき決まっている才能ではありません。**集中力は、トレーニングによって鍛えることができます。**

今回ご紹介した5つの方法を実践することで、あなたは必ず集中力を高め、生産性を向上させることができるはずです。生産性を向上させることができれば、あなたは必ず営業成績を向上させ、成功を掴むことができるでしょう。

3-7

締め切り効果を最大限に活かす方法 ―締め切りを「味方」にする思考法―

3-3でも述べたように、「**締め切り効果**」は、期限が近づくにつれて、モチベーションや集中力が高まる心理現象のことです。多くの人は、この締め切り効果に振り回され、締め切りギリギリまで仕事を先延ばしにしてしまい、結局、締め切りに間に合わなかったり、質の低い仕事をしてしまったりします。夏休みの宿題を最終日まで残してしまう子供のように、締め切り効果は、時に私たちを苦しめる「悪魔のささやき」です。プレッシャーに押しつぶされ、本来の実力を発揮できない…そんな経験は、誰にでもあるのではないでしょうか？

一方、締め切り効果は、使い方次第であなたの生産性を高めるための強力なツール、いわば「**火事場の馬鹿力**」にもなり得ます。締め切りを「敵」ではなく、「味方」にすることで、あなたは常に高いモチベーションを維持し、効率的に仕事を進めることができるようになるはずです。

締め切り効果を味方にするための3つのポイント

1. 締め切りを意識する：常に締め切りを心の中に
2. 締め切りを細分化する：小さな成功体験を積み重ねる
3. 締め切り前に余裕を持つ：心のゆとりが質を高める

1. 締め切りを意識する：常に締め切りを心の中に

締め切り効果を最大限に活用するためには、まず「締め切りを意識する」ことが重要です。締め切りを忘れてしまったり、無視してしまったりすると、締め切り効果は発動しません。試合の日程を忘れてしまったら、試合に勝つこと以前に参戦することができないのと同じです。

手帳やカレンダーに締め切りを書き込んだり、スマートフォンでリマインダーを設定したりするなど、締め切りを常に意識するように工夫しましょう。私は、手帳とスマートフォンの両方で締め切りを管理するようにしています。二重三重の対策を講じることで、締め切りを常の意識できるようにしています。

2．締め切りを細分化する：小さな成功体験を積み重ねる

大きな締め切りはプレッシャーとなり、モチベーションを低下させ途中で諦めてしまう原因になりかねません。

例えば、「1ヶ月後に100件の新規顧客を開拓する」という大きな締め切りがあるとします。この締め切りを、「1週間で25件の新規顧客を開拓する」「1日で3・6件の新規顧客を開拓する」といったように、**小さな締め切りに細分化することで、プレッシャーを軽減し、モチベーションを高く維持することができます。**

小さな目標を一つひとつクリアしていくことで達成感を得ることができ、それがさらなるモチベーションの向上に繋がります。マラソンランナーが42・195kmという長い距離を走る際に、5kmごと、10kmごとといったように、小さな目標を設定することで、完走へのモチベーションを維持するのと同じです。小さな成功体験を積み重ねることで、あなたは自信をつけ、大きな目標にも挑戦する勇気を得ることができるでしょう。

3．締め切り前に余裕を持つ：心のゆとりが質を高める

締め切り直前になってバタバタと作業をすることは、追い込まれているプレッシャーの中で冷静な判断をすることも難しく、ミスをしてしまう可能性が高まります。

時間に追われると、集中力が途切れ、ミスが増え、質が下がり、そして、ストレスが溜まってしまいます。

そこで、締め切り前に余裕を持つことで、落ち着いて仕事に取り組むことができ、質の高い仕事をすることができます。

締め切り前に余裕を持つためには、**逆算して計画を立てること**が重要です。「いつまでに何を終わらせる必要があるのか？」を明確にし、スケジュールを立てることで、締め切り前に余裕を持つように心がけましょう。

締め切り効果をマスターし、時間を味方につけよう

締め切り効果は、使い方次第であなたの生産性を高めるための強力なツールにも、あなたを苦しめる悪魔のささやきにもなり得ます。

締め切りを「敵」と捉えるか、「味方」と捉えるかで、あなたの時間管理、そして、ひいては人生そのものが大きく変わってくるでしょう。

今回ご紹介した3つのポイント、

- 締め切りを意識する
- 締め切りを細分化する

●締め切り前に余裕を持つ

を実践し続けることで、締め切り効果をマスターし時間を味方につけることができるようになるはずです。

時間を味方につけることができれば、あなたは必ず目標を達成し、成功を掴むことができるでしょう。

3-8

ポモドーロテクニックと90分集中術 ―集中力を維持するためのメソッド―

あなたは、仕事に集中しようと思っても、なかなか集中力が続かない…そんな悩みを抱えていませんか？

集中力は、ロウソクの炎のように、ちょっとした風で揺らいで消えてしまう、とても繊細なものです。現代社会は、集中力を妨げる「誘惑の魔物」であふれています。スマートフォンの通知、ＳＮＳ、メール、同僚のおしゃべり、周りの音…。

集中力が途切れてしまうと、仕事の効率が落ち、ミスが増え、生産性が低下してしまいます。そして、最終的には、営業成績にも悪影響を及ぼしてしまうのです。もしあなたが、Ｆ１レーサーだったら、運転中に集中力を切らして大事故に繋がってしまうのです。集中力は、成功への道を走り続ける以前に、あなたを守るための必須条件です。

そこで、この項では、集中力を維持するための２つの最強メソッド、「ポモドーロテクニック」と「90分集中術」をご紹介します。これらのメソッドは、「盾」のように集中力を妨げるあらゆる攻撃からあなたを守ってくれるはずです。

1．ポモドーロテクニック：25分間の集中と5分間の休憩

ポモドーロテクニックとは、25分間集中して作業を行い、5分間の休憩を挟むという時間管理術です。25分間という短い時間であれば、誰でも集中力を維持することができるはずです。そして、5分間の休憩を挟むことで、集中力を回復させ、次の25分間も集中して作業に取り組むことができるのです。ボクシングの試合のように、3分間のラウンドと1分間のインターバルを繰り返すことで、選手は高いパフォーマンスを維持することができるのと同じです。

ポモドーロテクニックは、キッチンタイマーを使って行うのが一般的です。「ポモドーロ」とは、イタリア語で「トマト」という意味で、トマト型のキッチンタイマーを使うことから、この名前が付けられたそうです。

ポモドーロテクニックを実践する際のポイントは、以下の通りです。

- **作業前に、25分間で何をするかを明確にする**
- タイマーを使って、25分間を計測する
- 25分間は、どんなことがあっても、作業に集中する。スマートフォンを見たり、メールチェックをした

りするのは絶対にNGです。

●5分間の休憩時間は、しっかりと休憩する。軽いストレッチをしたり、コーヒーを飲んだり、目を閉じたり…気分転換になるようなことをしましょう。

●4ポモドーロ（25分作業×4回）ごとに、長めの休憩（20～30分）を取る。長めの休憩時間には、軽い運動をしたり、仮眠を取ったり、散歩に出かけたりしましょう。

2．90分集中術：ウルトラディアンリズムに合わせた集中

人間の集中力には、約90分周期のリズムがあると言われています。これは、「ウルトラディアンリズム」と呼ばれるもので、人間の体内時計、いわば「生命のリズム」です。

90分集中術とは、このウルトラディアンリズムに合わせて、90分間集中して作業を行い、20分程度の休憩を挟むという時間管理術です。90分間という時間は、人間の集中力が持続する限界時間と言われています。90分以上集中し続けようとすると、集中力が途切れてしまい、かえって逆効果になる可能性があります。

90分集中術を実践する際のポイントは、以下の通りです。

●**作業前に、90分間で何をするかを明確にする**

●タイマーを使って、90分間を計測する

● 90分間は、どんなことがあっても、作業に集中する。スマートフォンやメールは厳禁です。
● 20分程度の休憩時間は、しっかりと休憩する。軽い運動をしたり、食事を取ったり、仮眠を取ったり…気分転換になるようなことをしましょう。

集中力をコントロールし、生産性を最大化しよう

集中力は、営業パーソンにとって「成功へのパスポート」です。集中力をコントロールすることができれば、あなたは、限られた時間の中で最大限の成果を上げ、営業成績を劇的に向上させることができるはずです。

今回ご紹介した「**ポモドーロテクニック**」と「**90分集中術**」は、集中力を維持するための強力なツールとなります。

これらのメソッドを、あなた自身の仕事スタイルに合わせて、効果的に活用してみましょう。そして、集中力を高めることで、生産性を最大化し、デキる営業パーソンを目指しましょう!

3-9

マルチタスクの罠 ―シングルタスクで生産性を劇的に向上させる―

あなたは、複数の仕事を同時進行でこなす「マルチタスク人間」を目指していませんか？もしかしたら、「一度に複数の仕事をこなす方が効率的だ」「時間の節約になる」と考えているかもしれません。しかし、それは大きな間違いです。マルチタスクは、あなたの生産性を低下させる「罠」です。目隠しをされて両手にたくさんのボールを持たされ、ジャグリングするように、どれも中途半端になり、結局すべてを落としてしまう危険性があるのです。

マルチタスクは、複数のタスクを同時並行で進めること。例えば、メールを書きながら電話をする、資料を作成しながら会議に出席する、プレゼンテーションをしながら質問に答える…一見、スーパーマンのように効率的に仕事をしているように見えますが、脳科学的には、**マルチタスクは生産性を著しく低下させることが証明されています。**

人間の脳は、コンピューターのように、複数のタスクを同時並行で処理するようにはできていません。複数のタスクを同時進行しようとすると、脳はそれぞれのタスクに意識を分散させなければならず、結果的に、集中力が途切れ、ミスが増え、作業効率が落ち、ストレスが溜まってしまいます。

シングルタスクで集中力を高める：一点集中で成果を最大化

マルチタスクの罠から抜け出すためには、「シングルタスク」を心がける必要があります。シングルタスクとは、１つのタスクに集中して取り組むこと。一点に集中することで、あなたは脳の潜在能力を最大限に発揮し、結果的に、質の高い仕事ができ、生産性を劇的に向上させることができるのです。

シングルタスクを実践するための３つのポイント

シングルタスクを実践するためには、以下の３つのポイントを意識しましょう。

1. ＴｏＤｏリストを作る
2. 集中できる環境を作る
3. 作業時間を区切る

1. ＴｏＤｏリストを作る：やるべきことを明確にする

やるべきことをリスト化し、優先順位をつけることで、何から取り組めば良いのかが明確になります。頭の中が整理され、集中力を高める効果があります。

2. 集中できる環境を作る：誘惑を断ち切る

スマートフォンをサイレントモードにする、周りの音を遮断する、誘惑となるものを視界に入れない…

など、distractions（邪魔・妨害）を排除することで、集中できる環境を作りましょう。静寂の中で瞑想するような空間を作ることで、あなたは最大限の集中力を発揮することができるはずです。

3．作業時間を区切る：集中力を持続させる

人間の集中力は、無限ではありません。先に述べた、ポモドーロテクニック（25分作業＋5分休憩）や90分集中術（90分作業＋20分休憩）などを活用し、作業時間を区切り、定期的に休憩を取ることで、集中力を維持しましょう。集中力は、使えば使うほど消耗していきます。定期的に休憩を取ることで、集中力を回復させることができるのです。

マルチタスクのデメリット：負のスパイラル

マルチタスクには、以下のようなデメリットがあります。

- 集中力が途切れる
- ミスが増える
- 作業効率が落ちる
- ストレスが溜まる
- 記憶力が低下する

●創造性が低下する

これでは、たちまち負のスパイラルに陥ってしまいます。

シングルタスクのメリット：好循環を生み出す

一方、シングルタスクには、以下のようなメリットがあります。

●集中力が高まる
●ミスが減る
●作業効率が上がる
●ストレスが軽減される
●記憶力が向上する
●創造性が向上する

シングルタスクで最高の成果を

マルチタスクは、一見効率的に見えるかもしれませんが、実際には、あなたの生産性を低下させる「罠」です。シングルタスクを心がけることで、**集中力を高め、質の高い仕事をし、生産性を劇的に向上させることができます。**シングルタスクは、一点集中でホームランを狙うバッターのように、最高の成果を生み出すため武器になると考えて私は実践しています。

3-10

効果的な休憩方法 ─質の高い休憩でパフォーマンスを最大化─

あなたは、休憩時間は何をしていますか？スマートフォンをいじったり、パソコンで仕事をしたりしていませんか？もしそうなら、それは非常にもったいないことです。休憩時間は、疲れた脳と体を休ませ、午後の仕事に向けてエネルギーをチャージするための、貴重な時間です。質の高い休憩を取ることで、あなたは心身ともにリフレッシュし、最高のパフォーマンスを発揮できるようになるのです。

休憩時間は、単なる「サボり時間」ではありません。それは、あなたのパフォーマンスを最大化するための「**戦略的投資**」です。質の高い休憩を取ることで、集中力と生産性を高め、午後の仕事も効率的に進めることができるようになります。休憩時間は、あなたのパフォーマンスを最大化するための重要な時間なのです。

効果的な休憩方法5選

効果的な休憩方法は、様々ですが、ここでは特におすすめの5つの方法をご紹介します。

1. 軽い運動をする
2. 目を休ませる
3. 瞑想する
4. 仮眠を取る
5. 自然に触れる

1. 軽い運動をする：血行促進で脳を活性化

軽い運動をすることで、血行が促進され、脳に酸素が行き渡り、集中力と生産性を高めることができます。階段の上り下り、軽いストレッチ、散歩など、10分〜15分程度の軽い運動であなたの体と心をスムーズに動かし、パフォーマンスを向上させてくれるのです。

2. 目を休ませる：デジタル疲れから目を守る

パソコンやスマートフォンの画面を長時間見続けていると、目が疲れてしまい、集中力が低下してしまいます。現代人は、1日に何時間もデジタル機器の画面を見続けているため、「デジタル疲れ目」になっている人が多いと言われています。

そこで、**休憩時間には、遠くの景色を見たり、目を閉じたりするなどして、目を休ませる**ようにしましょう。遠くの緑の木々を見るだけで、森林浴をしているかのようなリラックス効果を得ることができます。

3．瞑想する：雑念を払い、心を整える

瞑想は、心を落ち着かせ、ストレスを軽減し、集中力を高めます。休憩時間に5分～10分程度の瞑想をすることで、心身ともにリフレッシュし、午後の仕事も集中して取り組むことができます。

4．仮眠を取る：パワーナップで効率アップ

仮眠は、短時間で集中力と生産性を回復させる効果があります。15分～20分程度の仮眠で十分効果があります。これは、「パワーナップ」と呼ばれるもので、NASAの研究でも、パワーナップの効果が実証されているそうです。ただし、**30分以上の仮眠は、逆に体がだるくなってしまう可能性があるので注意が必要です。**

5．自然に触れる：五感を刺激し、リフレッシュ

自然に触れることで、ストレスを軽減し、リラックス効果を高めることができます。公園を散歩したり、窓から外の景色を眺めたり、あるいは、ベランダで深呼吸をするだけでも効果があります。

自然の景色を見れば、心が安らぎます。自然の音を聞けば、心が落ち着きます。自然の香りを嗅げば、心

が癒やされます。自然の風を感じれば、心が解放されます。**自然に触れることで、五感を刺激し、心身ともにリフレッシュする**ことができます。

質の高い休憩で、午後のパフォーマンスを最大化

休憩時間は、あなたの貴重な資産です。

休憩時間を無駄にせず、質の高い休憩を取ることで、あなたのパフォーマンスを最大化し、営業成績を向上させることができるはずです。

今回ご紹介した5つの休憩方法の中から、自分に合った方法を選び、実践してみましょう。

質の高い休憩を取ることで、心身ともにリフレッシュし、最高の状態で午後の仕事に臨みましょう！

3-11

デジタルツールを活用した時間管理術 ―最新ツールで生産性を爆上げ―

デジタルツールは、現代の営業パーソンにとって、なくてはならない「相棒」です。最強の剣士にとっての刀のように、優れたデジタルツールは、あなたの営業活動を強力にサポートし、生産性を劇的に向上させてくれます。

スマートフォン、タブレット、パソコン…これらのデバイスに搭載されている様々な**アプリやソフトウ**

ェアは、**時間管理を効率化するための強力な武器**となります。

時間管理が苦手な人は、いつも時間に追われ、バタバタと慌ただしい毎日を送っています。それは、たくさんの荷物を抱えたまま、目的地まで歩いていくようなものです。重くて歩きづらく、疲れてしまい途中で諦めてしまうかもしれません。

一方、デジタルツールを駆使した時間管理術を身につけている人は、時間を最大限に有効活用し、余裕を持って1日を過ごすことができます。最先端のテクノロジーを駆使して、最高速度で一日を駆け抜けることができるのです。

デジタルツール活用のメリット

デジタルツールを活用することで、

●スケジュール管理を効率化できる
●タスク管理を効率化できる
●情報共有を効率化できる
●顧客管理を効率化できる
●営業成績を向上させることができる

といったように、様々なメリットがあります。

おすすめのデジタルツール

おすすめのデジタルツールは、以下の通りです。

●**カレンダーアプリ**：Googleカレンダー、Outlookカレンダーなど。スケジュール管理に必須のツールです。会議やアポイントの予定を登録しておくのはもちろんのこと、タスクの締め切りや、顧客の誕生日なども登録しておきましょう。リマインダー機能を使えば、予定を忘れることもありません。

●**タスク管理アプリ**：Microsoft To Do、Google ToDoリスト、Trello、Any.doなど。やるべきことをリスト化し、管理するためのツールです。タスクに優先順位をつけたり、期限を設定したり、進捗状況を管理したりすることができます。

●**メモアプリ**：Evernote、Google Keep、OneNoteなど。アイデアや思いついたこと、ミーティングの議事録などを記録するためのツールです。音声入力機能を使えば、移動時間や休憩時間など、ちょっとした隙間時間にもメモを取ることができます。

●**クラウドストレージ**：Dropbox、Googleドライブ、iCloud Driveなど。ファイルやデータを保存・共有するためのツールです。外出先でもファイルにアクセスできるため、非常に便利です。

●**顧客管理ツール**：Salesforce、Zoho CRM、HubSpot CRMなど。顧客情報を一元管理するためのツールです。顧客の連絡先や取引履歴、商談状況などを管理することができます。

●**コミュニケーションツール**：Slack、Chatwork、Microsoft Teamsなど。チームメンバーとコミュニケーションを取るためのツールです。チャットやビデオ会議、ファイル共有など、様々な機能を使うことができます。

デジタルツールを使いこなすための3つのポイント

デジタルツールは、使い方次第で、強力な武器にも、ただの飾り物にもなります。デジタルツールを最大限に活用するためには、以下の3つのポイントを意識しましょう。

1. 自分に合ったツールを選ぶ
2. ツールを使いこなせるように練習する
3. ツールを定期的に見直す

1. 自分に合ったツールを選ぶ

デジタルツールは、様々な種類があります。

有料のツール、無料のツール、多機能なツール、シンプルなツール…

どれが良い悪いではなく、大切なのは、**自分自身に合ったツール**を選ぶことです。

様々なツールを試してみて、自分にぴったりのツールを見つけましょう。

2. ツールを使いこなせるように練習する

どんなに優れたツールでも、**使いこなせなければ意味がありません。**

そこで、ツールを使いこなせるように、しっかりと練習しましょう。

マニュアルを読んだり、チュートリアル動画を見たりするのも良いですし、実際にツールを使ってみながら、使い方を覚えていくのも効果的です。

3. ツールを定期的に見直す

使っているうちに、自分に合わなくなってしまうツールもあります。

そこで、定期的に使っているツールを見直し、必要に応じて、別のツールに乗り換えることも検討しましょう。

デジタルツールは、常に進化しています。

新しいツールが登場したり、既存のツールがアップデートされたりするたびに、**より良いツールがないか、常にアンテナを張っておくことが大切です。**

この章のまとめ：最強の時間管理術を身につけて、時間を味方につけよう！

この章では、生産性を劇的に上げるための10個の時間管理術を紹介しました。

時間管理は、営業パーソンにとって、なくてはならないスキルです。

時間管理術を身につけることで、あなたは限られた時間の中で最大限の成果を上げ、プライベートも充実させることができるようになるでしょう。

そして、**時間を「敵」ではなく「味方」にすることで、あなたは営業で成功を掴むことができるはずです。**

ぜひ、この章で学んだ時間管理術を実践し、あなたの人生をより豊かで、より充実したものにしていきましょう！

第4章

鋼のメンタル！
逆境に負けない心の鍛え方

営業の仕事は、楽しいことばかりではありません。むしろ、辛いこと、苦しいこと、逃げ出したくなることの方が多いかもしれません。契約が取れない、お客様に怒られる、ノルマが達成できない…など、心が折れそうになる経験は、誰にでもあるでしょう。

私も、18年間の営業人生の中で、何度も挫折しそうになりました。しかし、そんな時、私を支えてくれたのは、「鋼のメンタル」でした。

メンタルが強ければ、どんな逆境にも負けることなく、前向きにチャレンジし続けることができます。荒波にもまれる船のように、どんなに強い波が押し寄せても、沈むことなく、目的地に向かって進み続けることができるのです。

メンタルの強さは、才能ではありません。**鍛え方次第で、誰でも鋼のメンタルを手に入れることができます**。この章では、私が実践している「最強メンタルの作り方」を9つの思考法に絞って解説します。これらの思考法は、私自身が数々の困難を乗り越えてきた中で培ってきた、いわば「心の秘伝の書」です。

これらの思考法を一つひとつ紐解き、実践していくことで、あなたも「鋼のメンタル」を手に入れ、どんな逆境にも負けない営業パーソンになれるはずです。

4-1

ポジティブシンキングの力 ―プラス思考で心を強くする―

「ポジティブシンキング」とは、物事を前向きに捉える思考法のことです。

「どうせ無理だ…」

「自分にはできない…」

「失敗したらどうしよう…」


そんなネガティブな思考に囚われていては、何も始めることができず、成功を掴むことはできません。暗闇の中で前が見えず、どこに進めば良いのかわからず、不安な気持ちでいっぱいになってしまうのです。

一方、ポジティブシンキングを心がけることで、

- 行動力が上がる
- 発想力が豊かになる
- ストレスが軽減される
- 周囲の人を巻き込むことができる
- 成功を引き寄せることができる

など、様々なメリットがあります。**明るい光が差し込むポジティブシンキングは、あなたの心を照らし、進むべき道を示してくれる**のです。

ポジティブシンキングを実践するための3つのポイント

1. ポジティブな言葉を使う
2. ポジティブなイメージを持つ
3. ポジティブな人と付き合う

1. ポジティブな言葉を使う

言葉は、あなたの思考や行動に大きな影響を与えます。言葉は言霊であり、人生を変える力を持っているのです。

ネガティブな言葉を使っていると、ネガティブな思考になり、ネガティブな行動をとってしまいます。

逆に、ポジティブな言葉を使っていると、ポジティブな思考になり、ポジティブな行動をとることができるようになります。

例えば、「どうせ無理だ…」ではなく「きっとできる！」「自分にはできない…」ではなく「挑戦してみよう！」「失敗したらどうしよう…」ではなく「成功したら嬉しいな！」といったように、**ポジティブな言葉を使うことを意識**してみましょう。

2. ポジティブなイメージを持つ

目標を達成した時の自分の姿を想像してみましょう。

お客様から感謝されている場面、契約が成立した瞬間、表彰台に立っている姿…

ポジティブなイメージを持つことで、目標達成へのモチベーションを高め、行動力を上げることができます。映画の主人公のように、自分が成功する姿を想像することで、成功への道を歩み始めることができるのです。

3. ポジティブな人と付き合う

人は、周りの人に影響される生き物です。ネガティブな人と付き合っていると、あなた自身もネガティブな思考に染まってしまう可能性があります。

逆に、ポジティブな人と付き合っていると、あなた自身もポジティブな思考になり、行動力も高まります。太陽の光を浴び植物が元気に育つように、ポジティブな人のエネルギーを浴びることで、あなた自身もポジティブなエネルギーで満ち溢れるのです。

4-2

失敗は成功の母！ 失敗から学ぶための5つのステップ

「失敗は成功の母」──誰もが一度は耳にしたことがある言葉でしょう。しかし、この言葉を本当に理解し、実践できている人は、どれだけいるでしょうか？

失敗は、誰にとっても辛いものです。恥ずかしい、悔しい、情けない…そんなネガティブな感情に苛まれ、落ち込んでしまうこともあるでしょう。テストで悪い点を取ってしまい、親に叱られるのを恐れている子供のように、失敗は、私たちを不安で暗い気持ちにさせるものです。

しかし、失敗は、成長のチャンスでもあります。失敗から学ぶことで、私たちは一回りも二回りも成長し、新たなステージへと進むことができるのです。

この項では、**失敗から学ぶための5つのステップ**を、具体的な事例を交えながら解説します。

1. 失敗を受け入れる
2. 失敗の原因を分析する
3. 改善策を考える
4. 実践する
5. 反省する

1．失敗を受け入れる

失敗から学ぶための第一歩は、「失敗を受け入れる」ことです。

「自分は悪くない」「相手が悪い」「運が悪かった」…

そんな風に**言い訳をしていては、何も学ぶことはできません。**

まずは、自分の失敗を認め、「今回は、自分のミスで失敗してしまった」と、素直に受け入れることが重要です。

2．失敗の原因を分析する

失敗を受け入れたら、次は失敗の原因を分析しましょう。

なぜ失敗してしまったのか？

何が原因だったのか？

どんなミスを犯してしまったのか？

紙とペンを用意し、**思いつく限りの原因を書き出してみましょう。**

そして、書き出した原因を一つひとつ分析し、根本原因を見つけ出すことが重要です。

3. 改善策を考える

失敗の原因がわかったら、次は改善策を考えましょう。

どうすれば、同じ失敗を繰り返さずに済むのか?

どんな対策を講じれば、成功する可能性が高まるのか?

具体的な改善策を、いくつか考えてみましょう。

そして、考えた改善策の中から、最も効果的な改善策を選びましょう。

4. 実践する

改善策を考えたら、あとは実践するだけです。

どんなに素晴らしい改善策でも、実践しなければ意味がありません。

練習試合でホームランを打っても、本番の試合でヒットを打てなければ意味がないように、実践なくして成功はありません。

5. 反省する

実践した結果、成功した場合は、成功体験を振り返り、良かった点を分析しましょう。

そして、次回も同じように成功できるように、成功体験を再現するための方法を考えましょう。

逆に、実践した結果、失敗した場合は、失敗体験を振り返り、悪かった点を分析しましょう。

そして、次回同じ失敗を繰り返さないように、改善策を修正しましょう。

失敗から学ぶことは、成長のチャンスです。

失敗を恐れず、積極的に挑戦し、そして、失敗から学び続けることで、あなたは必ず成功を掴むことができるはずです。

挑戦の先には「成功」か「成長」しかない。**挑戦しないことが最大の失敗なのです。**

4-3

周囲の意見は宝の山! 耳を傾けることで視野を広げる

あなたは、周りの人の意見に、きちんと耳を傾けていますか?

もしかしたら、「自分の考えは正しい」「周りの人の意見は間違っている」と、自分の意見ばかり主張したり、周りの人の意見を聞かなかったりしていませんか?

もしそうなら、それは非常にもったいないことです。

周りの人の意見は、「宝の山」です。周りの人の意見に耳を傾けることで、新たな視点や知識を得ることができ、視野を広げることができるのです。

自分一人で考えているだけでは、どうしても視野が狭くなりがちです。井の中の蛙大海を知らず、ということわざがあるように、自分の狭い世界だけで生きていると、世界の広さ、可能性の大きさに気づくことができません。

周りの人の意見を聞くことで、

●新たな視点を得ることができる
●自分の考え方の間違いに気づくことができる
●より良いアイデアを生み出すことができる
●問題解決の糸口を見つけることができる
●人間関係を良好にすることができる

など、様々なメリットがあります。

耳を傾ける3つのポイント

周りの人の意見に耳を傾けるためには、以下の3つのポイントを意識しましょう。

1. 先入観を持たずに聞く
2. 反論しない
3. 質問をする

1．先入観を持たずに聞く

周りの人の意見を聞く際に、最も重要なのは、「先入観を持たずに聞く」ことです。

「この人は、どうせこんなことを言うだろう…」

「この人の意見は、自分とは違うだろう…」

そんな風に先入観を持って聞いてしまうと、相手の言葉に耳を傾けることができず、貴重な意見を聞き逃してしまう可能性があります。

色眼鏡をかけて世界を見ると、本来の色を見ることができないように、先入観は、あなたの視野を狭めてしまうのです。

相手の言葉にしっかりと耳を傾けるためには、**まず「先入観」という名の壁を取り壊す**必要があります。

2．反論しない

周りの人の意見を聞いた時に、すぐに反論したくなることもあるかもしれません。

しかし、反論することは、相手とのコミュニケーションを阻害し、相手を不快にさせてしまう可能性があります。

相手の意見を聞いた時は、まず「**なるほど**」「**そういう考え方もあるんですね**」といったように、**相手の意見**を受け止めましょう。

そして、相手の意見を肯定した上で、「私はこう思うのですが、いかがでしょうか?」といったように、自分の意見を伝えるようにしましょう。

3. 質問をする

相手の意見を聞いた時は、質問をしてみましょう。

「なぜ、そう思うのですか?」

「具体的に、どのような事例がありますか?」

といったように、質問をすることで、相手の考えや思いをより深く理解することができます。

そして、相手との共通点を見つけることができれば、より建設的な議論をすることができるはずです。

4-4

自分の取扱説明書!強みを見つけることで自信を最大化する

あなたは、自分の強みを知っていますか?

「私には、これといった強みがない…」

「私には、他の人よりも優れた能力がない…」

そう思っている人もいるかもしれません。

しかし、それは大きな間違いです。

どんな人にも、必ず「強み」があります。それは、生まれ持った才能かもしれませんし、これまでの経験から培ってきたスキルかもしれません。あるいは、人柄や性格かもしれません。

自分の強みを知り、それを最大限に活かすことで、あなたは自分に自信を持つことができ、大きな成功を掴むことができるのです。自分の強みを知ることで、あなたは成功への扉を開く鍵を手に入れることができるのです。

強みを見つけるための3つのステップ

1. 自分の実績や経験を振り返る
2. 自分が得意なこと、好きなことを書き出す
3. 周囲の人から自分の強みを聞いてみる

1. 自分の実績や経験を振り返る

まずは、過去の自分自身を振り返ってみましょう。
● これまでどんな仕事をしてきたか？

●どんなプロジェクトを成功させたか？
●どんな困難を乗り越えてきたか？
紙とペンを用意し、思いつくままに書き出してみましょう。

そして、書き出した内容を一つひとつ振り返り、「なぜ自分はそれを達成できたのか？」「どんな時に、自分は最高のパフォーマンスを発揮することができたのか？」を分析することで、あなたの強みが見えてくるはずです。

2．自分が得意なこと、好きなことを書き出す

次に、あなたが得意なこと、好きなことを書き出してみましょう。
●人前で話すこと
●文章を書くこと
●人と話すこと
●数字を扱うこと
●企画を立てること
など、どんなに些細なことでも構いません。
思いつくままに書き出してみましょう。

そして、書き出した内容を一つひとつ振り返り、「なぜ自分はそれが得意なのか？」「なぜ自分はそれが好きでたまらないのか？」を分析することで、あなたの強みが見えてくるはずです。

3．周囲の人から自分の強みを聞いてみる

自分一人で考えているだけでは、なかなか自分の強みが見えてこないという人もいるかもしれません。

そんな時は、周囲の人に聞いてみましょう。

上司、先輩、同僚、友人、家族…

あなたをよく知っている人に、「私の強みは何だと思いますか？」と聞いてみましょう。

周りの人の意見を聞くことで、新たな視点を得ることができ、自分では気づいていなかった強みに気づくことができるかもしれません。

自分の強みを理解することのメリット

自分の強みを理解することのメリットは、計り知れません。

- 自信を持つことができる
- モチベーションを高めることができる
- 行動力が上がる

●成功を引き寄せることができる

4-5 お客様に感謝！ 感謝の気持ちを伝えることで人間関係を劇的に改善する

「ありがとう」――シンプルな言葉ですが、この言葉には、人の心を動かし、人間関係を劇的に改善する力が秘められています。

感謝の気持ちは、人間関係を円滑にするための潤滑油です。感謝の気持ちを伝えることで、相手との距離を縮め、親近感を高め、好印象を与えることができます。そして、相手もあなたに対して、感謝の気持ちを持つようになるという好循環が生まれるのです。

営業活動においても、感謝の気持ちは非常に重要です。お客様に感謝の気持ちを伝えることで、お客様との信頼関係を築き、長期的な関係性を構築することができます。そして、お客様から「この人から買いたい！」「この人に任せたい！」と思ってもらえるようになるはずです。

感謝の気持ちを伝える効果的な言葉

感謝の気持ちを伝える言葉は、「ありがとうございます」だけではありません。

- 「感謝いたします」
- 「大変お世話になりました」
- 「おかげさまで」
- 「助かりました」

など、様々な表現方法があります。

状況や相手に合わせて、適切な言葉を選ぶようにしましょう。

例えば、お客様から貴重なアドバイスをもらったら、「○○様、貴重なアドバイス、本当にありがとうございます！大変勉強になりました！」と、具体的な内容を添えて感謝の気持ちを伝えることで、お客様は「自分のアドバイスが役に立った」と実感し、喜んでくれるはずです。

あるいは、お客様から大きな契約をいただいた際には、「○○様、この度は大きな契約をいただきまして、誠にありがとうございます！○○様の期待に応えられるよう、精一杯頑張ります！」と、**感謝の気持ちを伝えるとともに、今後の抱負を伝えることで、お客様に安心感と信頼感**を与えることができます。

感謝の気持ちを伝える効果的なタイミング

感謝の気持ちを伝えるタイミングも重要です。

感謝の気持ちを伝えるべきタイミングは、

●商談の開始時
●商談の終了時
●何かをしてもらった時
●成果が出た時
●ミスをした時

など、様々ですが、最も重要なのは、**「相手が喜んでくれるタイミング」で感謝の気持ちを伝える**ことです。

例えば、商談の開始時には、「〇〇様、本日はお忙しい中、お越しいただきありがとうございます」と感謝の気持ちを伝えることで、お客様は「自分の時間を大切にしてくれている」と感じ、あなたに好印象を抱いてくれるはずです。

商談の終了時には、「〇〇様、本日は誠にありがとうございました。また、何かご不明な点がございましたら、いつでもご連絡ください」と感謝の気持ちを伝えることで、お客様は「この営業パーソンは、最後まで責任感を持って対応してくれる人だ」と感じ、あなたに信頼を寄せてくれるはずです。

何かをしてもらった時は、「〇〇様、〇〇をしていただき、本当にありがとうございます！大変助かりました！」と、具体的な内容を添えて感謝の気持ちを伝えることで、お客様は「自分の行動が役に立った」と実感し、喜んでくれるはずです。

成果が出た時は、「〇〇様のおかげで、目標を達成することができました！本当にありがとうございます！」と、感謝の気持ちを伝えることで、お客様との信頼関係を深めることができます。

ミスをした時は、「〇〇様、この度は大変ご迷惑をおかけし、申し訳ございませんでした。今後は、二度と同じミスを繰り返さないよう、気を付けます」と、**謝罪の言葉と共に感謝の気持ちを伝えることで、お客様は「この営業担当者は、誠実な人だ」と感じ、あなたを許してくれるはずです。**

感謝の気持ちは魔法の力

感謝の気持ちは、人間関係を劇的に改善する「魔法の力」です。

感謝の気持ちを伝えることで、

- ●お客様との距離を縮めることができる
- ●お客様に好印象を与えることができる
- ●お客様の信頼を得ることができる
- ●お客様に「あなたから買いたい」と思ってもらえる
- ●自分自身のモチベーションを高めることができる
- ●周囲のモチベーションを高めることができる

など、様々なメリットがあります。

4-6

チャレンジは成長の源！ 挑戦し続けることで可能性を広げる

「挑戦」という言葉には、勇気、希望、そして無限の可能性が秘められています。

あなたは、何かに挑戦していますか？

「失敗したらどうしよう…」

「周りの人に笑われたらどうしよう…」

「自分にはできないかもしれない…」

そんな不安から、挑戦することを躊躇していませんか？

もしそうなら、それは非常にもったいないことです。小さなことから始めるだけで、あなたの可能性は無限に広がっていくはずです。

挑戦するための３つのステップ

1. 小さなことから挑戦する
2. 目標を設定する
3. 周囲の協力を得る

1．小さなことから挑戦する

いきなり大きな目標に挑戦しようとすると、プレッシャーを感じてしまい、挫折してしまう可能性が高まります。そこで、**まずは小さなことから挑戦**してみましょう。

例えば、

- 毎日10分間、読書をする
- 毎日10分間、ウォーキングをする
- 毎日1人に、新しい挨拶をしてみる

など、どんなに小さなことでも構いません。

小さなことから挑戦することで、成功体験を積み重ねることができ、それが自信に繋がり、より大きな目標に挑戦する勇気を与えてくれるはずです。

2．目標を設定する

何かに挑戦する際には、必ず目標を設定しましょう。「いつか○○になりたい」ではなく、**「○年○月までに○○になる」といったように、具体的な目標を設定すること**で、「締め切り効果」を最大限に活用することができます。

目標を設定することで、

●努力の方向性が定まる
●モチベーションを高く維持できる
●行動力が上がる
など、様々なメリットがあります。

3. 周囲の協力を得る

どんなに優秀な人でも、一人でできることには限界があります。

周囲の協力を得ることで、
●困難を乗り越えることができる
●新たな視点を得ることができる
●モチベーションを高めることができる
など、様々なメリットがあります。

困った時は、一人で抱え込まずに、周囲の人に助けを求めましょう。そして、周囲の人に感謝の気持ちを伝えることを忘れずに。

挑戦し続けることのメリット

挑戦し続けることのメリットは、計り知れません。

●成長できる
●可能性を広げることができる
●人生を豊かにすることができる
●成功を掴むことができる

挑戦の先には、「成功」か「成長」しかない。

たとえ挑戦が失敗に終わったとしても、その経験から学ぶことで、あなたは一回りも二回りも成長し、新たなステージへと進むことができるのです。人類が初めて飛行機で空を飛んだとき、恐怖との闘いだったに違いありませんが、勇気を振り絞って羽ばたくことで、大空を自由に飛び回ることができるようになったのです。

挑戦し続けることで、あなたの可能性は無限に広がっていきます。

4-7

謙虚さは武器になる！ 天狗にならないことで信頼を勝ち取る

「謙虚」という言葉には、誠実さ、尊敬、そして信頼感が込められています。

あなたは、謙虚な人間ですか？

もしかしたら、「自分は謙虚な人間だ」と思っているかもしれませんが、本当に謙虚な人間は、「自分は謙虚な人間だ」とは思わないものです。

謙虚さは目に見えない「オーラ」のようなものです。謙虚な人は、周りの人から自然と尊敬され、信頼されます。そして、お客様からも「この人になら安心して任せられる」「この人から買いたい」と思ってもらえるようになるでしょう。

一方、謙虚さのない人は、傲慢で尊大で、無意識に周りの人を見下すような態度をとってしまっています。周りの人から嫌われ信頼を得られない営業パーソンが、お客様から「この人から買いたい」と思われるはずがありません。

謙虚さを身につけるための3つのステップ

1．**感謝の気持ち**を伝える

2．周囲の人の**意見に耳を傾ける**

3．常に学び続ける

1．感謝の気持ちを伝える

謙虚な人は、常に感謝の気持ちを持っています。

「ありがとう」「おかげさまで」「助かりました」

これらの言葉を、心から伝えることができます。

感謝の気持ちを伝えることは、相手との良好な人間関係を築くための第一歩です。

そして、お客様に感謝の気持ちを伝えることで、お客様との信頼関係を築き、長期的な関係性を築くことができます。

2．周囲の人の意見に耳を傾ける

謙虚な人は、周りの人の意見に耳を傾けることができます。

「自分の考えは正しい」「周りの人の意見は間違っている」

そんな風に思ってしまうと、謙虚さを失ってしまいます。

周りの人の意見を聞くことで、新たな視点や知識を得ることができ、視野を広げることができます。

そして、周りの人の意見を尊重することで、人間関係を良好に保つことができます。

3. 常に学び続ける

謙虚な人は、常に学び続けることができます。

「自分はすべてを知っている」「自分は完璧だ」

そんな風に思ってしまうと、謙虚さを失ってしまいます。

世の中には、知らないこと、わからないことが山ほどあります。

常に学び続けることで、新たな知識やスキルを身につけることができ、視野を広げることができます。

そして、謙虚さを保つことができます。

謙虚さを持つことのメリット

謙虚さを持つことのメリットは、計り知れません。

- 周囲の人から信頼される
- お客様から信頼される
- 成約率を高めることができる
- リピーターを増やすことができる
- 新規顧客を開拓することができる

4-8

お客様に寄り添う姿勢 ―お客様の立場に立って考える―

これまで述べているように、営業パーソンの仕事は、商品を「売る」ことではありません。営業パーソンの仕事は、お客様の課題を「解決する」ことです。

お客様は、商品が欲しいのではありません。お客様は、自分の悩みや課題を解決してくれる「解決策」を求めているのです。

そして、**お客様の課題を解決するためには、お客様の立場に立って考える必要があります。**

お客様の立場に立って考えるとは、「もし自分がお客様だったら…」「自分がお客様の立場だったら、どんな商品が欲しいだろうか？」「どんな提案をされたら嬉しいだろうか？」「どんな営業パーソンに相談したいだろうか？」と考えることです。

お客様の立場に立って考えることで、

●お客様のニーズを的確に捉えることができる
●お客様に合った提案をすることができる
●お客様との信頼関係を築くことができる
●お客様に「あなたから買いたい」と思ってもらえる

など、様々なメリットがあります。

お客様に寄り添うための3つのステップ

1. お客様の言葉に耳を傾ける
2. お客様の状況を理解する
3. お客様にとって最善の提案をする

1. お客様の言葉に耳を傾ける

お客様の話をじっくりと聞き、お客様の言葉の奥にある「気持ち」や「真意」を理解しようと努めることが重要です。

お客様は、必ずしも言葉で伝えたいことを、すべて言葉で表現できるとは限りません。時には、言葉にならない感情や思いを、表情や態度、声のトーンなどで表現していることもあります。そこで、**お客様の言葉だけでなく、表情、態度、声のトーンなど、あらゆる情報から、お客様の真意を汲み取る必要があります。**

2. お客様の状況を理解する

お客様の置かれている状況を理解することも重要です。

お客様の年齢、性別、職業、家族構成、趣味、ライフスタイル…

お客様の状況を理解することで、お客様に合った提案をすることができます。

例えば、お客様が子育て中の主婦であれば、「子供を乗せやすい車」「安全性能の高い車」といった提案をすることができます。

あるいは、お客様が会社の経営者であれば、「経費削減に繋がる商品」「業務効率を向上させるサービス」といった提案をすることができます。

3. お客様にとって最善の提案をする

お客様のニーズや状況を理解したら、お客様にとって最善の提案をしましょう。

お客様にとって最善の提案とは、必ずしも高価な商品やサービスを提案することではありません。

お客様の予算や状況に合わせて、最適な商品やサービスを提案することが重要です。

そして、お客様に「あなたから買いたい」と思ってもらえる提案をすることができれば、あなたは一流の営業パーソンと言えるのです。

4-9

成果を祝う習慣 ―成功体験を積み重ねることでモチベーションを維持する―

あなたは、目標を達成した時、どのようにしていますか？

「よし！やった！」と心の中でガッツポーズをするだけで終わっていませんか？

もしそうなら、それは非常にもったいないことです。

成果を祝うことは、モチベーションを維持し、さらなる成功へと繋げるために非常に重要なことです。

目標を達成した時は、盛大に祝いましょう！

美味しいものを食べに行く、旅行に行く、欲しいものを買う…

何でも構いません。

自分にご褒美を与えることで、あなたは「**成功体験**」を強く心に刻むことができます。

そして、成功体験を積み重ねることで、あなたは自信を高め、さらなる高みを目指そうというモチベーションを持つことができるようになるのです。

成果を祝うことのメリット

成果を祝うことのメリットは、以下の通りです。

- 成功体験を記憶に定着させることができる

●自信を高めることができる
●モチベーションを維持することができる
●次の目標に挑戦する意欲を高めることができる

成果を祝うための3つのステップ

1. 目標を達成したら、すぐに祝う
2. 周囲の人を巻き込んで祝う
3. 次の目標を設定する

1. 目標を達成したら、すぐに祝う

目標を達成したら、その喜びを味わうために、すぐに祝いましょう。

時間が経ってしまうと、喜びも薄れてしまい、成功体験を記憶に定着させることができなくなってしまいます。

2. 周囲の人を巻き込んで祝う

目標を達成した喜びは、一人で味わうよりも、周囲の人を巻き込んで祝う方が、より大きな喜びとなり

ます。

上司、先輩、同僚、友人、家族…

あなたを応援してくれている人たちと、喜びを分かち合いましょう。

周囲の人を巻き込んで祝うことで、あなたは感謝の気持ちを持つことができ、人間関係を良好にすることもできます。

3．次の目標を設定する

目標を達成したら、次の目標を設定しましょう。

目標を達成した喜びに浸っているだけでは、成長は止まってしまいます。

次の目標を設定することで、新たな挑戦へのモチベーションを高めることができます。

この章のまとめ：鋼のメンタルを手に入れて、どんな逆境にも負けない営業パーソンを目指そう！

この章では、鋼のメンタルの作り方について、９つの思考法を紹介しました。

これらの思考法は、私自身が18年間の営業人生で培ってきた、いわば「心の秘伝の書」です。

これらの思考法を一つひとつ紐解き、実践していくことで、あなたも「鋼のメンタル」を手に入れ、どんな逆境にも負けないタフな営業パーソンになれるはずです。

営業の仕事は、楽しいことばかりではありません。むしろ、辛いこと、苦しいこと、逃げ出したくなることの方が多いかもしれません。

しかし、メンタルが強ければ、どんな逆境にも負けずに、前向きにチャレンジし続けることができます。

そして、**挑戦の先には、必ず「成功」か「成長」が待っています。**

ぜひ、この章で学んだことを活かし、**鋼のメンタルを手に入れ、最強の営業パーソンを目指しましょう！**

第5章

一流の営業パーソンの思考と行為

私は、トップセールスパーソンとは、「お客様の成功を心から願い、お客様のために貢献することで、お客様から信頼され、選ばれる存在」だと考えています。

トップセールスパーソンは、一流のスポーツ選手になぞらえることができます。彼らは、日々の鍛錬を欠かさず、常に最高のパフォーマンスを発揮するために努力を続けています。そして、その努力が、彼らをトップセールスパーソンへと導いているのです。

この章では、私が18年間の営業人生で培ってきた経験をもとに、「一流の営業パーソンの思考と行為」について解説します。

そして、一流の営業パーソンだけが実践している「営業の秘訣」を、惜しみなく公開します。

これらの秘訣を学ぶことで、あなたも一流の営業パーソンの仲間入りを果たし、お客様から信頼され、選ばれる営業パーソンになれるはずです。

5-1

トップセールパーソンの3つの習慣 ―成果を出し続ける人の共通点―

トップセールスパーソンは、常に高いパフォーマンスを発揮し、成果を出し続けています。彼らは、どのようにして、それを実現しているのでしょうか？

それは、彼らが「特別な才能」を持っているからではありません。

それは、彼らが「3つの習慣」を身につけているからです。

1．PDCAサイクルを回す
2．常に学び続ける
3．お客様にフォーカスする

1．PDCAサイクルを回す

PDCAサイクルとは、「Plan（計画）」「Do（実行）」「Check（評価）」「Action（改善）」の4つのステップを繰り返すことで、継続的に業務を改善していく手法です。

トップセールスマンは、このPDCAサイクルを徹底的に実践しています。

まず、「Plan（計画）」の段階では、目標を明確にし、目標達成のための具体的な計画を立てます。例えば、「年間100台の車を販売する」という目標を立てたとします。この目標を達成するためには、1ヶ月に何台の車を販売する必要があるのか、1日に何件のお客様を訪問する必要があるのか、といった具体的な計画を立てる必要があります。

次に、「Do（実行）」の段階では、計画に沿って、具体的な行動を起こします。電話営業、訪問営業、メール送信、提案書作成…など、やるべきことを一つひとつ、確実に実行していきます。

そして、「Check（評価）」の段階では、実行した結果を評価します。目標通りに計画が進んでいるのか、改善すべき点はないか、などを客観的に分析します。

最後に、「Action（改善）」の段階では、評価結果をもとに、改善策を考え、実行します。例えば、電話営業の成約率が低い場合は、トークスクリプトを見直したり、お客様に合わせたトークをする練習をしたりするなど、具体的な改善策を実行します。

PDCAサイクルは、例えるなら車のエンジンです。エンジンが正常に動作するためには、ガソリンを注入し（計画）、エンジンを始動させ（実行）、エンジンの状態をチェックし（評価）、必要に応じてオイル交換や部品交換を行う（改善）必要があります。

PDCAサイクルを回し続けることで、営業活動の質を高め、成果を上げ続けることができるようになるのです。

2. 常に学び続ける

トップセールスパーソンは、常に学び続けています。

彼らは、**「自分はすべてを知っている」「自分は完璧だ」とは決して思いません。**

世の中には、知らないこと、わからないことが山ほどあります。だからこそ、彼らは、常に新しい情報や知識を吸収しようと努力しているのです。スポンジのように、あらゆる情報を吸収し、自分の知識やスキルをアップデートし続けています。

彼らは、本を読んだり、セミナーに参加したり、他の営業パーソンの話を聞いたり、お客様から学んだり……など、様々な方法で学び続けています。

そして、学んだことを、すぐに実践してみることで、自分自身のスキルアップに繋げているのです。

3. お客様にフォーカスする

トップセールスパーソンは、常に「お客様」にフォーカスしています。

彼らは、自分の商品やサービスを売ることよりも、お客様の課題を解決すること、お客様を幸せにすることを最優先に考えています。

お客様の専属コンサルタントのように、お客様の成功をサポートすることで、お客様から信頼され、選ばれる存在となっているのです。

お客様にフォーカスするためには、

- お客様の話をじっくりと聞く
- お客様のニーズを的確に捉える
- お客様にとって最適な提案をする

ことが重要です。

5-2

成果を出す営業パーソンになるための6つの習慣

営業の仕事で成果を上げるためには、才能やセンスは必要ありません。必要なのは、「正しい習慣」を身につけることです。

正しい習慣を身につけることで、誰でも成果を上げることができるようになります。毎日筋トレを続けることで、筋肉が鍛えられ、体が引き締まるように、正しい習慣を身につけることで、あなたの営業力は鍛えられ、成果が出るようになるのです。

この項では、成果を出す営業パーソンになるための6つの習慣を、具体的な事例を交えながら解説します。

1. 見た目を整える
2. 感謝する
3. 会話をする
4. 相手のことを気遣う
5. チャレンジする
6. 悔しがる

1．見た目を整える

第一印象は数秒で決まると言われています。営業パーソンにとって、見た目は非常に重要です。清潔感のある服装、髪型、持ち物などを心がけることで、相手に好印象を与え、信頼感を与えることができます。

2．感謝する

感謝の気持ちは、人間関係を円滑にするための潤滑油です。アポイントが取れた時、**お客様から時間をいただいた時、話を聞いてもらえた時、そして商品を購入してもらえた時…など、感謝の気持ちを伝えるべき場面はたくさんあります。「ありがとうございます」を口癖にするくらいが良いでしょう。**感謝の気持ちは、あなた自身を成長させるだけでなく、周りの人にも良い影響を与えます。

3．会話をする

メールやＬＩＮＥでの連絡が増えている現代において、直接会って話をする機会は減ってきています。しかし、本当に重要な話や、相手の気持ちを理解するためには、face to face の会話が不可欠です。文字だけでは感情を伝えることは難しく、誤解が生じる可能性もあります。**お客様と直接会って話すこと**で、表情や声のトーンなど、文字では伝わらない情報を得ることができ、お客様との信頼関係を深めることができます。

4．相手のことを気遣う

お客様との関係性を築くためには、相手の状況や気持ちを常に気遣うことが大切です。例えば、お客様が忙しそうであれば、要件を端的に伝えたり、時間があるようであれば、じっくりと話を聞いてあげたりするなど、相手の状況に合わせて対応を変えることが重要です。

5．チャレンジをする

商談がうまくいかない時、そこで諦めてしまうのではなく、なぜうまくいかなかったのかを**分析し、次のチャレンジにつなげること**が重要です。成果が出ない営業パーソンは、一度のアタックで諦めてしまうことが多いです。闇雲に何度もアタックするのではなく、工夫と改善を繰り返しながらチャレンジすることで、成果に繋がりやすくなります。

6．悔しがる

チャレンジしても成果が出なかった時は、悔しい気持ちをバネにして、次の成長につなげることが重要です。「後悔はするな」という言葉もありますが、これはチャレンジした結果に対しての後悔ではありません。十分に準備をしてチャレンジしたにも関わらず、結果が出なかった場合は、**悔しい気持ちをバネにし**て、次に繋げることが重要です。

5-3

営業パーソンとして有望株になる人の特徴3選

あなたは、会社の社長や役員、あるいは異業種交流会などで出会う重要な人物から、どのように見られたいですか？

「仕事ができる人」

「頼りになる人」

「将来が楽しみな人」

きっと、誰もが彼らから期待され、認められたいと思っているはずです。

では、彼らから期待され、仕事を任せてもらえるようになるためには、どんな営業パーソンでいるべきか、考えてみましょう。

今回は、営業パーソンとして「有望株」と見なされる人の特徴を3つご紹介します。

1. 底知れぬポテンシャル

2. 共通の境遇

3. 新たな発見

1．底知れぬポテンシャル

若手社員は、どうしても経験が浅いため、ベテラン社員に比べて知識やスキル、実績などの面で見劣りしてしまう部分があります。しかし、若手社員だからこそ持つ「底知れぬポテンシャル」をアピールすることで、上司やお客様、そして会社の社長や役員から期待される存在になることができます。

「底知れぬポテンシャル」とは、一体どのようなものでしょうか？

それは、

- 新しいことを**学ぶ意欲**
- **積極的に行動**する姿勢
- 失敗を恐れずに**挑戦する勇気**
- 周囲の意見に耳を傾ける**謙虚さ**
- 常に**向上心**を持って努力する姿勢

などです。

これらの要素をアピールすることで、相手は「この若手社員は、まだまだ伸びしろがある」「将来が楽しみだ」と感じ、あなたに期待してくれるはずです。

2. 共通の境遇

お客様が自分と似た境遇の若手社員には、親近感を抱き、応援したくなるものです。同じ学校の先輩後輩のような感覚で、自然と「頑張れ！」と応援したくなるのです。

学生時代に打ち込んだスポーツ、苦労して乗り越えた経験、あるいは、将来の夢…

お客様と共通の話題を見つけることができれば、お客様との距離を縮め、親近感を抱いてもらうことができます。

3. 新たな発見

多くの経営者や役職者は、常に新しい情報や知識を求めています。彼らにとって、若手社員との会話は、新たな発見や刺激を得るための貴重な機会となります。

お客様が知らない情報や知識を提供したり、お客様が気づいていない視点を与えたりすることで、お客様から「この若手社員は面白い」「この若手社員と話していると勉強になる」と思ってもらうことができます。

5-4

8割以上の営業パーソンがハマる！ 共通の失敗3選

営業パーソンは、誰でも失敗を経験します。しかし、中には「取り返しのつかない失敗」というものもあります。そんな失敗をしてしまうと、お客様からの信頼を失い、ビジネスチャンスを逃し、最悪の場合、会社に損害を与えてしまうことさえあります。

今回は、**8割以上の営業パーソンが陥りがちな「3つの共通の失敗」**について解説します。

これらの失敗は、誰もが犯してしまう可能性のある、よくあるミスです。しかし、これらのミスを繰り返してしまうと、営業パーソンとして成長することができず、いつまで経っても成果を上げることができないままになってしまいます。

1. お客様との関係を過信する
2. 曖昧な約束をする
3. 説明したつもりになる

1. お客様との関係を過信する

お客様と良好な関係を築けていると、つい「このお客様は必ず契約してくれるだろう」と過信してしまい、十分なフォローを怠ってしまうことがあります。しかし、お客様はあなたの友人や家族ではありません。お客様は、他の選択肢も検討している可能性があることを忘れてはいけません。

たとえ、**何度も契約をしてくれているお客様であっても、油断は禁物**です。常に謙虚な姿勢で接し、お客様のニーズを丁寧にヒアリングし、最適な提案をすることで、お客様との良好な関係を維持していくことができます。

2. 曖昧な約束をする

お客様との約束は、必ず具体的な日時や内容を伝えるようにしましょう。曖昧な約束は、誤解やトラブルの原因になります。「明日連絡します」「来週の早いうちに連絡します」といった曖昧な表現ではなく、「明日○時に連絡します」「来週の○曜日の○時に連絡します」といったように、具体的な日時を伝えるようにしましょう。

そして、お客様が指定した日時に連絡できなかった場合は、すぐに連絡を取り、謝罪し、そして、代替案を提示するようにしましょう。

3. 説明したつもりになる

お客様に商品やサービスを説明する際、**「説明したから大丈夫」と安心してしまうのは危険です。**お客様は、あなたの説明のすべてを理解しているとは限りません。特に専門用語や複雑な説明は、お客様にとって理解しづらいものです。そこで、説明の後には、「ご不明な点はございませんか?」と必ず確認しましょう。お客様が理解していない部分があれば、もう一度丁寧に説明する必要があります。また、図や表、資料などを活用することで、視覚的に説明することも効果的です。

5-5

もう1ステージ上の営業チャンスを掴めない人の共通する特徴3選

あなたは、「今の営業成績には満足していない」「もう1ランク上のステージに進みたい」そう考えている営業パーソンではありませんか?

しかし、「なかなか成果が出ない」「壁を突破できない」と悩んでいる人もいるはずです。もしかしたら、あなたは「成長を阻害する3つの特徴」を持っているのかもしれません。

この項では、私がこれまで多くの営業パーソンを見てきた中で気づいた、「もう1ステージ上に行けない人の3つの特徴」を解説し、その改善策を提示します。

1. 目先の目標に走る
2. 答えがあると思っている
3. 資格や学歴があればいいと思っている

1. 目先の目標に走る

目標を持つことは大切です。目標があるからこそ、努力するモチベーションが湧いてきます。しかし、目先の目標ばかり追いかけていると、長期的な視点を見失い、成長が止まってしまう可能性があります。

例えば、保険営業で「今月は、月3,000円の保険を5件契約する」という目標を立てたとします。そして、目標達成のために毎日必死に営業活動を行い、見事目標を達成したとします。しかし、翌月以降も継続して成果を上げるためには、目先の目標だけでなく、長期的な目標を持つ必要があります。「3年後には一流の営業パーソンになる」「5年後には独立して自分の会社を立ち上げる」といった長期的な目標を持つことで、日々の行動に意味が生まれ、モチベーションを高く維持することができます。

目標と目的の違いを理解することも重要です。目標は、達成すべき具体的な数値や成果のこと。目的は、目標を達成することで実現したい最終的な状態のことです。目先の目標に囚われるのではなく、目的を明確にすることで、より大きな成果を上げることができるようになります。

2. 答えがあると思っている

「こうすれば必ず成功する」「これが正解だ」といった、**絶対的な答えを求めることは成長を阻害する要因となります。なぜなら、営業活動には正解がないからです。**お客様の状況、商品の特性、市場の動向など、様々な要因が複雑に絡み合って、営業の成果が決まります。そのため、一つの方法に固執するのではなく、常に新しい情報や知識を取り入れ、柔軟に対応していくことが重要です。「守破離」という言葉をご存知でしょうか？これは武道や芸事の世界で使われる言葉ですが、ビジネスでも使われる言葉です。ビジネスにおいては、既存の型を破って独自のオリジナリティーを出すことを意味します。営業活動においてもこの考え方が重要です。まずは基本的な営業スキルを習得し（守）、経験を積む中で自分なりの工夫を加え（破）、最終的には独自のスタイルを確立していく（離）ことが重要です。

3．資格・学歴があればいいと思っている

資格や学歴は確かに有利な条件の一つですが、資格や学歴があれば必ず成功できるというわけではありません。**営業活動で重要なのは、知識やスキルだけでなく「人脈」**です。どれだけ知識やスキルが豊富でも、人脈がなければチャンスを掴むことはできません。人脈を広げるためには、積極的に人と関わり、様々な情報や知識を吸収していく必要があります。得た知識や情報を、お客様や周りの人々に提供することで、さらに人脈を広げていくことができます。**「ギブアンドテイク」という言葉があるが、「ギブアンドギブ」の考え方が大切**です。資格や学歴に固執するのではなく、常に学び続け、人脈を広げる努力を続けることで、ワンランク上のステージへと進むことができるはずです。

5-6

ストレス激減！ノー残業で定時帰宅！仕事を早く終わらせる方法

「いつも時間に追われている…」「残業ばかりでプライベートの時間が取れない…」「ストレスが溜まって、仕事が楽しくない…」

そんな悩みを抱えている営業パーソンは多いのではないでしょうか？

この項では、私が実践している「ストレス激減！ノー残業で定時帰宅！仕事を早く終わらせる方法」を3つの時間帯に分けてご紹介します。

1．朝：メールとＬＩＮＥは即レス！
2．昼：資料作成と訪問活動はセットで！
3．夕方：明日の準備でストレスフリー！

1．朝：メールとＬＩＮＥは即レス！

朝の時間は、1日のスタートダッシュを決めるための重要な時間です。この時間を有効に活用するためには、メールやＬＩＮＥのチェックと返信を最優先で行いましょう。

メールやＬＩＮＥは、受信トレイに溜め込まずに、すぐに返信するようにしましょう。メールやＬＩＮＥの返信を後回しにしていると、後でまとめて返信するのに時間がかかってしまい、他の仕事に集中できなくなってしまいます。

メールやＬＩＮＥは、相手が対応できる時間帯に送ることが重要です。例えば、終業間際に送られたメールは、相手が返信できない可能性が高いため、結果的に仕事の遅延に繋がる可能性があります。朝一番にメールやＬＩＮＥを送ることで、相手は午前中のうちに返信してくれる可能性が高くなり、その後の仕事もスムーズに進めることができます。また、電話をかける場合も、**朝一番ではなく、始業30分後くらいにかけると、相手が落ち着いて対応してくれる可能性が高くなります**。

2．昼：資料作成と訪問活動はセットで！

昼食後は、どうしても眠くなってしまう時間帯です。そんな時は、昼食後に資料作成などのデスクワークを行い、その後、訪問活動に出かけるのがおすすめです。

資料作成は、ある程度の集中力が必要な作業であるため、午前中に比べて集中力が低下している昼食後に行うのがちょうど良い負荷になります。そして、**資料作成である程度集中力を使い果たしたら、気分転換に訪問活動に出かける**ことで、メリハリをつけて仕事をすることができます。

訪問活動から帰社したら、社内でのミーティングなどを行いましょう。体を動かしたことで頭がスッキリし、活発な意見交換をすることができるはずです。

3．夕方：明日の準備でストレスフリー！

仕事ができる人は、必ずと言っていいほど、翌日の準備を前日に済ませています。

ＴｏＤｏリストを作成し、それぞれのタスクに優先順位を付けておくことで、翌日の仕事がスムーズに進みます。ＴｏＤｏリストは３−３で詳しく説明しましたので、そちらを参照ください。

5−7

愚痴が多い部員をやる気にさせる！ 正しいマネジメント３選

「最近の若い奴らは…」が口癖になっている上司はいませんか？今の時代、そんな時代錯誤な考え方をしている上司は、部員から「老害」と思われてしまうかもしれません。

部員のマネジメントに悩む上司は多いものです。特に、愚痴が多い部員は、上司にとって悩みの種になりがちです。

「なぜ、あいつはいつも愚痴ばかり言うんだ…」

「どうすれば、あいつをやる気にさせることができるんだろうか…」

そんな風に悩んでいる上司も多いのではないでしょうか？

愚痴が多い部員には、大きく分けて３つのタイプがあります。

1. 仕事量が多すぎる、または仕事内容に納得していないタイプ
2. 周囲の評価や待遇に不満を持っているタイプ
3. 自分自身の能力や成長に不安を感じているタイプ

それぞれのタイプに合わせて、適切な対応をする必要があります。

タイプ別の具体的な対応策

●仕事量が多すぎる、または仕事内容に納得していない場合は、**「なぜこの仕事をする必要があるのか？」「この作業は、どのような目的で行うのか？」を丁寧に説明する**ことで、部員は納得し、モチベーション高く仕事に取り組むことができます。

●周囲の評価や待遇に不満を持っている場合は、「あなたの頑張りは、ちゃんと見ているよ」「あなたの成長に期待しているよ」と、具体的に褒めてあげることで、部員のモチベーションを高めることができます。

●自分自身の能力や成長に不安を感じている場合は、「一緒に頑張ろう！」「私も昔はそうだったよ」と、**共感し、励ましてあげる**ことで、部員の不安を解消し、自信を持たせることができます。

愚痴が多い部員をやる気にさせるための3つのポイント

1. 仕事の意味を伝える
2. 言われて嫌な言い方を理解する
3. 部員を応援する

1. 仕事の意味を伝える

愚痴が多い部員は、仕事の意味や目的を理解していない可能性があります。

「なぜ、この仕事をする必要があるのか？」

「この作業は何のために行うのか？」

これらの質問に答えることで、部員は納得し、モチベーション高く仕事に取り組むことができます。

例えば、「この書類を作成するのは、お客様に正確な情報を提供するためです」「この作業を丁寧に行うことで、お客様に喜んでいただけます」といったように、仕事の意味や目的を具体的に伝えることが重要です。

2. 言われて嫌な言い方を理解する

人によって、「言われて嬉しい言葉」と「言われて嫌な言葉」は違います。

体育会系のノリで育った人であれば、多少厳しい言葉でも、それを「愛情表現」として受け取ることができるかもしれません。しかし、繊細な人にとっては、厳しい言葉は、大きなストレスとなり、モチベーションを低下させてしまう可能性があります。

そこで、**部員一人ひとりの個性や価値観を理解し、適切な言葉遣いを心がける**ことが重要です。

3．部員を応援する

部員を「自分の下僕」ではなく、**「共に働く仲間」として捉えること**が重要です。

部員を応援することで、部員は「上司は自分のことを認めてくれている」「上司は自分のことを応援してくれている」と感じ、モチベーション高く仕事に取り組むことができます。

5-8

仕事で凹んだ時に！営業パーソンが落ち込んだ時の切り替え方3選

営業の仕事は、楽しいことばかりではありません。むしろ、辛いこと、苦しいこと、落ち込んだり、凹んだりすることの方が多いかもしれません。「契約が取れない…」「お客様に怒られた…」「目標が達成できない…」—そんな苦しい経験は、誰にでもあるのです。

私自身も、18年間の営業人生の中で、数え切れないほどの失敗や挫折を経験してきました。しかし、そんな時、私を支えてくれたのは、「すぐに気持ちを切り替える能力」でした。

気持ちを切り替えることができれば、過去の失敗や後悔に囚われることなく、前向きに次の行動に移ることができます。たとえ転んでしまってもすぐに立ち上がり、笑顔で走り出すことができるのです。

この項では、私が実践している「**落ち込んだ時の気持ちの切り替え方**」を3つのポイントに絞ってご紹介します。

1. 時間を決める
2. 復活の呪文
3. 自己暗示

1. 時間を決める

仕事で失敗したり、お客様に怒られたりして落ち込んだ時は、まず「**落ち込む時間**」を決めましょう。

例えば、「今から10分間だけ落ち込もう」と決めて、タイマーをセットします。そして、10分間は、思いっきり落ち込みましょう。

泣いても良い、叫んでも良い、愚痴を言っても良い…

そして、10分経ったら、気持ちを切り替えて、次の行動に移りましょう。

落ち込む時間を決めることで、ダラダラと落ち込み続けることを防ぎ、気持ちを切り替える「きっかけ」を作ることができるのです。

2. 復活の呪文

気持ちを切り替えるためには、「復活の呪文」を決めておくのも効果的です。

「好きな音楽を聴く」「美味しいコーヒーを飲む」「ジムに行って汗を流す」…何でも構いません。

自分にとって「**気持ちがリフレッシュする行動**」を「復活の呪文」として設定しましょう。

そして、落ち込んだ時は、その「復活の呪文」を唱え、実行することで、気持ちを切り替えることができるのです。

3. 自己暗示

自己暗示とは、「**自分はできる！**」「**自分は強い！**」「**自分は運が良い！**」と、**心の中で何度も繰り返すことで、潜在意識に働きかけ、心の状態をコントロールするテクニックです。**

自己暗示は、スポーツの世界でもよく使われています。

試合前に、「自分は勝てる！」「自分は強い！」と心の中で何度も繰り返すことで、選手は自信を高め、最高のパフォーマンスを発揮することができるのです。

自己暗示は、営業の世界でも効果を発揮します。

商談前に、「自分はできる！」「必ず契約が取れる！」「お客様に喜んでもらえる提案ができる！」と心の中で何度も繰り返すことで、あなたは自信を高め、お客様の心を掴むことができるはずです。

5-9

全然モチベーションが上がらない人！ この方法で仕事モチベーション勝手に上がります

「モチベーションが上がらない…」「やる気が出ない…」「仕事に集中できない…」―そんな悩みを抱えている営業パーソンは多いはずです。モチベーションは、営業成績に直結する重要な要素です。モチベーションが高ければ、行動力も上がり、成果にも繋がりやすくなります。しかし、モチベーションを維持するのは簡単なことではありません。

そこで今回は、「**モチベーションが上がらない時の対処法**」についてお話しします。2つの異なるタイプのモチベーションの上げ方を、具体的な方法で解説しますので、モチベーションが上がらない、やる気が出ないという方はぜひ参考にしてみてください。

モチベーションには大きく分けて二つの種類があり、それぞれで対処法が異なります。

1．努力や頑張りでなんとかなるゴール
2．結果や成果がゴール

1．努力や頑張りでなんとかなるゴール

努力や頑張りがゴールとなる場合、モチベーションを上げるには、以下の2つの方法が有効です。

●無理なら場所を変える
●見える場所で1分作業

「見える場所で1分作業」とは、上司や同僚から「やる気がない」「サボっている」と思われたくないという気持ちが強い場合に有効な方法です。上司や同僚に見える場所で、1分間だけ作業をしてみましょう。例えば、上司から「電話営業をもっと頑張れ！」と言われたとします。やる気が出ない、モチベーションが上がらない…そんな時は、上司の目の前で、1分間だけ電話営業をやってみましょう。1分間だけなら、誰でもできるはずです。そして、1分間電話営業をやってみると、意外とリズムが掴めてきて、5件、10件と電話をかけられるようになるかもしれません。

「無理なら場所を変える」とは、期限に余裕があり、なかなかやる気が出ない場合に有効な方法です。例えば、自宅で仕事をする場合、テレビやゲーム、スマホなど、様々な誘惑があり、なかなか仕事に集中できないという人もいるでしょう。そんな時は、コワーキングスペースやカフェなど、**仕事に集中できる環**

境に身を置くことで、モチベーションを上げることができます。場所を変えることで気分転換になり、良いアイデアが生まれることもあります。

2. 結果や成果がゴール

結果や成果がゴールとなる場合、モチベーションを上げるには、「目標をスモールステップ化する」ことが有効です。目標が高すぎたり、遠すぎたりすると、なかなかモチベーションが上がらないものです。例えば、「年間1000万円の売上を達成する」という大きな目標を立てたとします。この目標は素晴らしいものですが、あまりに大きすぎるため、なかなかモチベーションを維持することが難しいかもしれません。そこで、大きな目標を小さな目標に分解し、「**スモールステップ化**」することで、モチベーションを高めることができます。年間1000万円という大きな目標を、「毎月84万円」「毎週21万円」「毎日3万円」というように小さな目標に分解してみましょう。小さな目標を一つひとつクリアしていくことで達成感を得ることができ、それがさらなるモチベーションの向上に繋がります。

この章のまとめ：一流の営業パーソンの思考と行為を学び、あなたも一流の営業パーソンを目指そう！

この章では、一流の営業パーソンの思考と行為、そして、彼らが実践している営業の秘訣について解説しました。

一流の営業パーソンは、特別な才能を持っているわけではありません。彼らは、正しい習慣を身につけ、お客様に寄り添い、お客様の成功を心から願うことで、お客様から信頼され、選ばれる存在となっているのです。

そして、お客様から信頼されることができれば、自ずと結果はついてきます。

ぜひ、この章で学んだことを活かし、あなたも一流の営業パーソンを目指しましょう！

おわりに：最強の営業パーソンへと続く道

この本を読み終えたあなたは、まさにこれから最強の営業パーソンへと続く、長い旅の第一歩を踏み出そうとしています。これまで、営業の基本から一流の営業パーソンの思考法まで、様々な角度から営業の秘訣をお伝えしてきました。きっと、新しい発見や学びがたくさんあったはずです。

もしかしたら、「こんなにたくさんのことを、すぐに実践するのは難しい…」と感じている人もいるかもしれません。しかし、安心してください。最初からすべてを完璧にこなせる人なんていません。大切なのは、**一つひとつのテクニックやノウハウを理解し、自分なりに工夫しながら、実践していくこと**です。

そして、もう一つ重要なのは、**「継続」すること**です。

継続は力なり。

この言葉は、まさに営業活動における真理です。どんなに優れた才能やセンスを持っていても、継続しなければ成果を出すことはできません。毎日コツコツと努力を続けることで、一流の営業パーソンへと成長していくことができるのです。

この本で学んだことを、明日から、そして今日から実践し、小さな成功体験を積み重ねていきましょう。そして、その成功体験が、あなたの自信となり、さらなる成長へと繋がるはずです。

最強の営業パーソンになるための3つの秘訣

最強の営業パーソンになるための秘訣は、以下の3つです。

1．お客様にフォーカスする
2．常に学び続ける
3．**楽しむ**

1．お客様にフォーカスする

トップセールスを実現する営業パーソンは、常に「お客様」にフォーカスしています。彼らは、自分の商品やサービスを売ることよりも、お客様の課題を解決すること、お客様を幸せにすることを最優先に考えています。お客様の立場に立って考え、お客様に寄り添うことで、お客様から信頼され、選ばれる存在となっているのです。

お客様にフォーカスするためには、以下の3つのポイントを意識しましょう。

- お客様の話をじっくりと聞く
- お客様のニーズを的確に捉える
- お客様にとって最適な提案をする

2．常に学び続ける

売り続けることができる営業パーソンは、常に学び続けています。彼らは、「自分はすべてを知っている」「自分は完璧だ」とは決して思いません。世の中には、知らないこと、わからないことが山ほどあります。だからこそ、彼らは、常に新しい情報や知識を吸収しようと努力しているのです。本を読んだり、セミナーに参加したり、他の営業パーソンの話を聞いたり、お客様から学んだり…など、様々な方法で学び続けることで、自分の知識やスキルをアップデートし続けています。そして、**学んだことをすぐに実践してみる**ことで、自分自身の成長へと繋げているのです。

3．楽しむ

輝いている営業パーソンは、営業の仕事を「楽しん」でいます。彼らは、お客様の課題を解決し、お客様に喜んでいただくことで、自分自身の成長にも繋がります。そして、お客様から「ありがとう」と言っていただける瞬間は、何にも代えがたい喜びであり、モチベーションの源泉となっています。

営業の仕事を「楽しむ」ためには、以下の3つのポイントを意識しましょう。

- ●ポジティブシンキングを心がける
- ●お客様にフォーカスする（1．と同じです）
- ●成果を祝う

最強の営業パーソンへと続く道は、決して平坦な道ではありません。

時には、険しい山道や、深い谷底を歩かなければならないことがきっとあります。

しかし、諦めずに、一歩ずつ、着実に歩みを進めていくことで必ず頂上に辿り着くことができます。そして、頂上に辿り着いた時に見える景色は、きっと、想像を絶するほど素晴らしいものになるはずです。

私は、**この本が、最強の営業パーソンを目指すあなたにとって、「羅針盤」となり、「地図」となり、そして、「心の支え」となることを願っています。**

そして、いつか、あなたがお客様から感謝され、尊敬される存在になることを、心から応援しています。

私は日本の子供たちが夢を語り、希望を持てる社会を作りたいと考えています。

しかし、現在、多くの子供たちは夢を持たず希望を語ることもありません。

その原因は、私たち大人にあると感じています。特に、就労者の7～8割を占めるサラリーマンたちが夢や希望を語ると、すぐに「独立しろ」などと現状の就労形態を否定される風潮や、家庭で会社の愚痴をこぼす大人の姿が子供たちに悪影響を与えているのです。

私は、サラリーマンでも夢や希望を叶えられることを証明するために、「リアルサラリーマン金太郎」として成果を上げ、子供たちに希望を届ける活動を続けていきます。引き続き、ご支援をよろしくお願いいたします。

最後に、本書を発刊するにあたり、ストリオグラフの森山様と合同会社D-QUALITYの北川様には、本書のベースとなっているYouTube動画の企画から親身になってアドバイスをいただきました。また、BOF CREATEの洞地様、小池様、粉川様には書籍化において多大なるご協力をいただきました。多くの皆さんのご尽力のおかげで、本書を無事に出版することができました。心より感謝申し上げます。

佐藤洋輔
2004年、トヨタ系ディーラー入社。圧倒的な営業力を発揮し、『トヨタ自動車年間優秀営業スタッフ賞』を8年連続9度受賞するなど卓越した成果を収める。2018年には大手損害保険会社主催「車＋自動車保険＋割賦」の販売部門で全国トヨタ系ディーラーの頂点に輝く。

2023年、超高級外車ディーラーのゼネラルマネージャー就任。その経験を活かし、現在はトヨタ系ディーラーに復帰し、組織の仕組みづくりに尽力している。

また、「正しい技術を身につければ、人はいつからでも良くなれる」をモットーに全国での講演活動や、成果が出ずに悩む営業パーソンへのセミナーを展開中。2022年には営業ノウハウを発信するYouTubeチャンネルを開設し、多くの営業技術を提供している。

主な受賞歴・資格
- 『トヨタ自動車年間優秀営業スタッフ賞』8年連続9度受賞
- 2018年度『トヨタ系ディーラー全日本クレイチ王者決定戦』全国1位
- 2019年7月 JPSA認定ベーシックプロスピーカー取得

監修：ストリオグラフ　森山貴史
監修：合同会社D-QUALITY　北川紘行
書籍化アドバイザー：BOFCREATE　洞地 真治、小池 健太
AIクリエイト・アドバイザー：粉川 海

営業バイブル　ゼロから始める最強営業術

2025年3月31日　　第1刷発行

著　者――― 佐藤洋輔
発　行――― つむぎ書房
〒103-0023　東京都中央区日本橋本町2-3-15
https://tsumugi-shobo.com/
電話／03-6281-9874
発　売――― 星雲社（共同出版社・流通責任出版社）
〒112-0005　東京都文京区水道1-3-30
電話／03-3868-3275

ISBN 978-4-434-35579-0